Lisanne Hilker

Wenn Kinder die Rolle der Eltern übernehmen

Phasen der Parentifizierung von Kindern psychisch kranker Eltern

Bibliografische Information der Deutschen Nationalbibliothek:

Die Deutsche Nationalbibliothek verzeichnet diese Publikation in der Deutschen Nationalbibliografie; detaillierte bibliografische Daten sind im Internet über http://dnb.d-nb.de abrufbar.

Impressum:

Copyright © Science Factory 2018

Ein Imprint der Open Publishing GmbH

Druck und Bindung: Books on Demand GmbH, Norderstedt, Germany

Covergestaltung: Open Publishing GmbH

Inhaltsverzeichnis

Abbildungsverzeichnis 5

1 Einleitung 6

2 Kinder psychisch kranker Eltern 8

    2.1 Geschichtliche Entwicklung 8

    2.2 Gedanken und Gefühle Kinder und Jugendlicher mit psychisch erkrankten Eltern 9

    2.3 Kinder als Kraftquelle für ihre Eltern 12

3 Parentifizierung 14

    3.1 Formen der Parentifizierung 16

    3.2 Rollenzuweisungen parentifzierter Kinder 19

4 Der Einfluss der psychischen Erkrankung der Eltern auf die Entwicklung des Kindes – Risiko und Schutz 22

    4.1 Resilienz bei Risiko-Kindern 24

    4.2 Risikofaktoren für die Parentifizierung 28

5 Parentifizierung und Bindung 31

    5.1 Die Fremde Situation und dieBindungstypen 31

    5.2 Effekte mütterlicher Depression auf die frühkindlichen Bindungserfahrungen 33

    5.3 Coping 39

6 Parentifizierung als Bindungsstörung 41

    6.1 Die Besonderheiten des desorganisierten Bindungsmusters und elterlicher Kompetenz 42

7 Definition des DMM 46

    7.1 Die Entwicklung eines Bindungssystems als Anpassungsleistung 47

    7.2 Verhaltensindikatoren der A+-Bindungsstrategie 49

    7.3 D-Bindung: Um- statt Desorganisation? 51

8 Phasen der frühkindlichen Parentifizierung bis ins Vorschulalter 52

9 Fazit 55

Literaturverzeichnis 57

Abbildungsverzeichnis

Abb. 1: Verletzung der Generationsgrenzen 15

Abb. 2: Verlauf der kognitiven und sozial-emotionalen Entwicklung psychosozial belasteter Kinder vom Säuglings- zum Grundschulalter. Laucht et al.,2000. 23

Abb. 3: Wirkung von Resilienz 27

Abb. 4: In: RECK Corinna: Mutter-Kind-Studie, Universitätsklinik Heidelberg 2004 35

Abb. 5: Auf positive Interaktion der Mutter reagiert das Kind ebenfalls positiv 36

Abb. 6: Die Mutter stellt die Interaktion komplett ein, das Kind versucht durch Reparatur die Aufmerksamkeit der Mutter für sich zu gewinnen 36

Abb. 7: Erst nach einem gescheiterten Reperationsversuch zeigt das Kind negative Affekte und weint 37

Abb. 8: Nachdem nun die Mutter wieder in die Interaktion mit dem Säugling zurückkehrt und damit die negative Situation positiv repariert reagiert zeigt auch das Kind wieder positive Affekte 37

Abb. 9: Die selbstprotektiven Strategien im Kindesalter nach P. Crittenden 2001 48

Abb. 10: Die selbstprotektiven Strategien im Vorschulalter nach P.Crittenden 2001 49

Abb. 11: Phasen der frühkindlichen Parentifizierung bis ins Vorschulalter von Lisanne Hilker (2017) 54

1 Einleitung

Bis zum Ende des 18. Jahrhunderts dauerte es, bis eine „Behandlung des Wahnsinns" allmählich durch eine moderne Psychiatrie abgelöst wurde. Der Franzose Philippe Pinel wurde im Jahre 1793 zur Legende, als er im Schloss Bicêtre, in welchem Problemfälle der Pariser Bevölkerung aufgenommen wurden, zum ersten Mal die dort verwahrten Menschen von ihren Ketten löste.[1] Auf der Erforschung und dem Verständnis von dem Erleben psychisch Erkrankter liegt seit Jahrhunderten ein notwendiger und nachvollziehbarer Fokus. Doch auch das Umfeld, also vor allem die Familie der Betroffenen miteinzubeziehen und sich mögliche Auswirkungen bewusst zu machen, ist ein weiterer Schritt, welchem erst spät eine gewisse Aufmerksamkeit zukam. Vor allem die Kinder psychisch Kranker nehmen häufig eine besondere Rolle ein: in Abhängigkeit ihrer Schutzbefohlenen schlüpfen sie nicht selten in die Rolle des Fürsorgenden, um das Familiensystem vor dem Zusammenbruch zu bewahren. Dieses Paradoxon der Rollenumkehr nennt sich *„Parentifizierung"*. Ein allseits bekanntes Beispiel für das Phänomen bietet der Kinderbuch-Klassiker „Pippi Langstrumpf": das Kind Pippi lebt alleine mit Affe und Pferd als ihre einzigen Mitbewohner in einem großen Haus. Ihre Mutter spielt keine Rolle, da diese wohl früh verstorben ist, Pippis Vater Efraim reist als Seefahrerkönig umher und ist damit überall - außer zu Hause. Die seltenen Wiedersehen zwischen Vater und Tochter beschreiben ein widersprüchliches Bild des naiven, fast kindlichen Vaters, dessen starke und unabhängige Tochter es in der Rolle der Erwachsenen scheinbar an nichts fehlt.[2] Natürlich ist Pippi Langstrumpf eine Geschichte für Kinder und hat nur wenig mit der Lebensrealität parentifizierter Kinder gemeinsam.

Der Hauptteil der vorliegenden Arbeit lässt sich in drei Teile gliedern: zunächst wird bis einschließlich Kapitel drei das Phänomen der Parentifizierung im Zusammenhang mit der psychischen Erkrankung der Eltern beschrieben. Es folgt ab Kapitel vier der Einfluss dieser psychischen Erkrankung auf die Entwicklung des Kindes, von welchem auch die Bindung zwischen Eltern und Kind betroffen ist. An dieser Stelle schließt der letzte Teil der Arbeit an: ab Kapitel fünf wird die

---

[1] ECKART, W. U.: Geschichte der Medizin, 6. Aufl. 2009, Springer Medizin Verlag Heidelberg, Pariser klinische Schule S. 193–195; Geschichte der Medizin 2009 Geschichte, Theorie und Ethik der Medizin, 7. Aufl. Springer Lehrbuch, Berlin, Heidelberg, S. 175–178. Geschichte, Theorie und Ethik Medizin 2013

[2] LINDGREN A.: Pippi Langstrumpf. Gesamtausgabe. Oetinger Verlag, 27. Auflage, 1987

Parentifizierung bindungstheoretisch durchleuchtet. Diese Masterarbeit dient dem Zweck, mit der bisherigen Stellung von Parentifizierung als nebensächliches Phänomen in der Forschung aufzuräumen und dessen Relevanz bindungstheoretisch hervorzuheben und zu konkretisieren.

Hierfür werden zum einen bindungsrelevante Themen wie „Resilienz" und „Coping" beschrieben, sowie zum anderen anhand verschiedener Studien Zusammenhänge zwischen der psychischen Erkrankung der Eltern, hier vor allem der Depression der Mutter, mit den Themen Bindung und Parentifizierung erklärt. Dabei kristallisieren sich Fragen bezüglich der Definition von desorganisierter Bindung heraus, welche in Verbindung mit dem „Dynamischen Reifungsmodell der Bindung und Anpassung" (DMM) von Patricia Crittenden die Parentifizierung als selbstprotektive Bindungsstrategie erkennen lassen. Aus Sicht dieser Perspektive ergibt sich die Fragestellung, mit welcher sich die vorliegende Arbeit schlussendlich auseinandersetzt:

> Lassen sich bindungstheoretisch fundierte Phasen frühkindlicher Parentifizierung bis ins Vorschulalter bestimmen?

2 Kinder psychisch kranker Eltern

Vor allem Kinder psychisch kranker Eltern werden Belastungen ausgesetzt, welche in der Entwicklung große Risiken bergen, wie beispielsweise selbst eine psychische Störung zu entwickeln. Geschätzt gibt es in Deutschland etwa zwei bis drei Millionen Kinder erkrankter Eltern, was in etwa 1% – 3% aller Kinder in Deutschland ausmachen.[3] Aufgrund der erhöhten Risiken für die Kinder psychisch kranker Eltern, unter welche neben psychischer Auffälligkeiten ebenfalls soziale Benachteiligung fallen, wurde aufgrund des selten erkannten Zusammenhangs zwischen elterlicher Erkrankung und Einflüssen auf das Kind der Begriff der „vergessenen Kinder" geschaffen.[4] Mattejat und Remschmidt veröffentlichen im Jahre 2008 neue Statistiken, nach denen jedes zweite Kind, welches in eine psychiatrische Klinik eingewiesen wird, mindestens einen psychisch erkrankten Elternteil habe.[5] An psychischen Erkrankungen der Eltern werden zum einen häufig schizophrene Erkrankungen genannt, welche zu krankheitsunspezifischen Symptomen führen und „vermehrt kognitive, emotionale, soziale und somatische Auffälligkeiten neben den psychischen Auffälligkeiten aufzeigten."[6]

Außerdem wurde den Auswirkungen depressiver Mütter auf die Eltern-Kind-Interaktion erhöhte Aufmerksamkeit gewidmet.

2.1 Geschichtliche Entwicklung

Michael Rutter, ein englischer Kinder- und Jugendpsychiater veröffentlichte im Jahre 1966 das Buch „Children of sick parents", in welchem er die ausschlaggebendsten Ergebnisse seiner Untersuchung an allen Kindern schilderte, welche von

---

[3] Bisher liegen nur Schätzungen und Hochrechnungen vor, da die Kinder psychisch erkrankter Eltern statistisch nicht erfasst werden. Hochrechnungen über Prävalenzraten psychischer Erkrankungen, Anzahl von Haushalten mit Kindern, durchschnittliche Kinderzahl: Mattejat, F. (Hrsg.) 2006. Lehrbuch der Psychotherapie für die Ausbildung zur/zum Kinder- und Jugendlichentherapeutinnen - therapeuten und für die ärztliche Weiterbildung, Bd. 4, München: CIP-Medien; Hocankenhausstatistik, Anzahl von Patientinnen bzw. Patienten mit minderjährigen Kindern in der stationären Psychiatrie und durchschnittliche Kinderzahl: Schone, R. / Wagenblass, S. (Hrsg.) 2006: Kinder psychisch kranker Eltern zwischen Jugendhilfe und Erwachsenenpsychiatrie. Juventa Verlag (Weinheim).

[4] REMSCHMIDT H. & MATTEJAT F.: Kinder psychotischer Eltern. Hogrefe Verlag. 1994

[5] MATTEJAT F.& REMSCHMIDT, H. Kinder psychisch kranker Eltern. In: Deutsches Ärzteblatt 2008,105(23): 413–8

[6] MATTEJAT F. Kinder mit psychisch kranken Eltern. In: Nicht von schlechten Eltern. Kinder psychisch Kranker. Mattejat, F., Lisofsky, B. (Hrsg.).: Psychiatrie Verlag, Bonn 2001a, 66-78

1955 bis 1959 im „Maudsley Hospital Children's Department" vorgestellt wurden.[7] Rutters Arbeiten zum Vorbild wurde 1979 an der Psychiatrischen Universitätsklinik Marburg auch in Deutschland ein erstes Forschungsprojekt angeregt. Helmut Remschmidt und seine Mitarbeiter untersuchten Kinder von depressiv und schizophren Erkrankten. Im deutschsprachigen Raum folgten daraufhin nur vereinzelte Veröffentlichungen zum Thema „Kinder psychisch kranker Eltern". Remschmidt selbst sorgte im Jahr 1994 zusammen mit seinem Kollegen Fritz Mattejat unter anderem mit der Veröffentlichung des Buches „Kinder psychotischer Eltern"[8] dafür, dass das Thema in der Fachöffentlichkeit mehr Aufmerksamkeit zu Teil wurde. Im Jahre 2005 wurde am Universitätsklinikum Hamburg-Eppendorf das Projekt „CHIMPs – Children of mentally ill parents" ins Leben gerufen, welches sich mit Entwicklungs- und Evaluierungsprozessen im Beratungs- und Stützangebot für psychisch Erkrankte mit deren Familien am Institut für Kinder- und Jugendpsychiatrie beschäftigt. Zusammenhänge zwischen der Psyche der psychisch erkrankten Eltern und der Psyche der Kinder stehen im Fokus der Arbeit. Verschiedene Einrichtungen, wie beispielsweise die Universitätskliniken Leipzig und Ulm, beteiligen sich an dem Projekt.[9]

2.2 Gedanken und Gefühle Kinder und Jugendlicher mit psychisch erkrankten Eltern

Kindheit

Die Gefühlswelt und das Denken über die eigene Lebenssituation, wie auch die Situation der Eltern verändern sich mit dem Alter. Jüngere Kinder reagieren mit Trauer, Ängsten, Hoffnungslosigkeit und einem Gefühl von Verlust auf die Erkrankung der Eltern.

Vor allem die Entwicklung von Schuldgefühlen ist typisch, da die Kinder meist noch nicht die Fähigkeit erlernt haben, den psychischen Zustand ihrer Eltern einzuschätzen und die Ursachen hierfür zu verstehen. Sie sind der Meinung, Mitschuld an der

---

[7] RUTTER, Sir M. Children of Sick Parents. An Environmental and Psychiatric Study (Maudsley Monograph) Oxford University Press. 1966.
[8] REMSCHMIDT H. & MATTEJAT F.: Kinder psychotischer Eltern. Hogrefe Verlag. 1994
[9] CHIMPs-Projekt: WIEGAND-GREFE, S: URL http://www.uke.de/dateien/kliniken/kinder-und-jugendpsychiatrie-psychotherapie-und-psychosomatik/dokumente/chimps_flyer-20 Stand 23.02.2017

Erkrankung der Eltern zu tragen. Ist die Mutter das erkrankte Elternteil, so fällt auf, dass die Kinder enorme Sorgen über eine mögliche bevorstehende Trennung entwickeln, unabhängig davon, ob es sich um eine kurzfristige oder eine dauerhafte Trennung handeln könnte. Durch diese Ängste steigern sich die Kinder auch in eine übermäßige Sorge hinein, dass den wichtigsten Bezugspersonen etwas zustoßen könnte und stellen sich verschiedene Unfallszenarien vor[10]:

> „Manchmal auch so, wenn sie gesund ist [...] zum Beispiel am Abend in der Schule gibt es ja immer so Elternabend oder so [...] und die ist mit dem Fahrrad los gefahren – da war es schon ganz stockdunkel und ich hatte Angst das [sic] ihr irgendwas passiert. (w, 9 Jahre)"[11]

Um auszuschließen, dass dem erkrankten Elternteil etwas zustoßen könnte, solange man nicht zu Hause ist, vermeiden es einige Kinder wegzugehen. Wenn Krankenhausaufenthalte der Eltern besonders lang werden oder vergangene Aufenthalte zu keiner Besserung führen konnten, verstärken sich bei den Kindern negative Gefühle und sie reagieren depressiv und gereizt. Da von den Eltern in akuten Krankheitsphasen oft nicht liebevoll auf die Bedürfnisse der Kinder eingegangen werden kann, versuchen sie nach Phasen der Enttäuschung, Trauer und Wut diese vor ihren Eltern zu verbergen. Viele Kinder neigen dazu, ihre Eltern präventiv vor einer Verschlechterung des Krankheitszustandes schützen zu wollen und übernehmen deshalb deren Aufgaben, beispielsweise im Haushalt.[12]

Folgende Gefühlsreaktionen beschreibt Albert Lenz als typisch bei jüngeren Kindern:

- „Schuldgefühle,
- Trennungsangst,
- Angst, die Mutter ganz zu verlieren,
- Angst, dass sich die Krankheit verschlimmert,
- Angst, dass dem Elternteil etwas zustoßen könnte,
- Angst, dass sich der Elternteil etwas antut,

---

[10] Vgl.LENZ, A.: Kinder psychisch kranker Eltern. Hogrefe Verlag. Göttingen 2014, S. 93f.
[11] LENZ, Kinder, a.a.O., S.94ff.
[12] Ebd

- Resignation und Hoffnungslosigkeit durch das wiederholte Erleben akuter Krankheitsphasen,
- Wut auf den erkrankten Elternteil".[13]

Jugend

Jugendliche haben im Vergleich zu Kindern ein größeres Spektrum an Fähigkeiten, um mit ihrer Situation umzugehen. Die Fähigkeit, ihre Lage zu reflektieren und die Erkrankung der Eltern zu verstehen, ist größer. Da sie sich meist ein stärkeres soziales Netz außerhalb der Familie aufgebaut haben, können sie dort zum einen über ihre Sorgen sprechen, zum anderen geben ihnen verlässliche Kontakte Halt und erleichtern den Alltag mit Aktivitäten, welche von den Ängsten ablenken können. Der Ablösungsprozess führt zu Konflikten, verstärkt durch die schwierige Situation durch die psychische Erkrankung des betroffenen Elternteils. Distanzierungsversuche der Jugendlichen führen schnell zu Schuldgefühlen. Diese Rückkopplung führt häufig zu einem Gefühl der Ohnmacht, Gefühle von Isolation und Einsamkeit sind ebenfalls keine Seltenheit. Obwohl der Alltag nun verstärkt außerhäuslich stattfindet sind die Jugendlichen gedanklich und emotional meist immer noch sehr eng mit ihrem erkrankten Elternteil verbunden.[14] Die Jugendlichen werden nicht mehr so stark von intensiven Abhängigkeitsgefühlen und Verlustängsten dominiert, stattdessen wird die eigene Rolle in der Familie und der mögliche Umgang mit der Erkrankung stärker reflektiert. Nach Lenz verändern sich die typischen Gefühle und Gedanken im jugendlichen Alter und stellen sich nun dar als:

- „Angst vor einer möglichen eigenen Erkrankung,
- Schuldgefühle wegen Abgrenzungs- und Distanzierungsschritten,
- Mitgefühl und Traurigkeit,
- Verantwortungsgefühl für die Familie,
- Gefühl des Verlustes des Elternteils als Identifikationsobjekt."[15]

---

[13] LENZ, Kinder, a.a.O., S.96
[14] Ebd.
[15] LENZ, Kinder, a.a.O., S.99

Haben Kinder und Jugendliche über längere Zeit wahrgenommen, dass „etwas nicht stimmt" versuchen sie für gewöhnlich erst im nächsten persönlichen Umfeld Hilfe zu finden, bevor sie eine professionelle Hilfe in Anspruch nehmen. Erste Ansprechpartner im Prozess des Hilfesuchens wären demnach häufig die Eltern. Doch gerade, weil diese die Auslöser für die schwierige Situation ihrer Kinder sind, ist diese Dynamik konflikthaft. Den Elternteilen mit psychischer Erkrankung fällt es oftmals schwer das Verhalten ihrer Kinder richtig einzuschätzen. Auffälligkeiten werden teils heruntergespielt, während unauffälliges Verhalten pathologisiert wird. Besonders depressive Mütter neigen dazu, das Kindesverhalten als vergleichsweise schwierig zu bewerten.

Ein verändertes Bewusstsein eines „normalen" Alltags, beispielsweise bedingt durch eine der Depression geschuldeten isolierten Lebensweise mit wenig sozialen Kontakten, lässt diese Mütter auch die Kontakte ihrer Kinder anders einschätzen. Umso mehr das Kind sich der Mutter diesbezüglich angleicht, desto weniger fällt ihr das Verhalten auf, wohl weil es nicht von Bekanntem abweicht.[16] Wang und Goldschmidt fanden in einer Studie von 1996 heraus, dass viele psychisch kranke Eltern Probleme ihrer Kinder wahrnehmen würden, aber aufgrund der Bewertungsunsicherheiten dieses Verhaltens keine Hilfe in Anspruch nehmen würden.[17]

2.3 Kinder als Kraftquelle für ihre Eltern

Albert Lenz schreibt in „Kinder psychisch kranker Eltern" von Kindern als Kraftquelle für die erkrankten Eltern. Kindern sei in der Gesellschaft ein „Wert" zugeschrieben, welcher primär mit Lebenserfüllung, mit Sinnstiftung, persönlichen Glückserwartungen und einer symbolischen Verlängerung der eigenen Existenz verbunden werde. Für psychisch gesunde wie für psychisch kranke Menschen ginge Elternschaft nach Lenz mit Erfahrungen wie Liebe und Geliebtwerden einher.[18] Auch Aaron Antonovsky wird von Lenz zitiert, welcher mit „Sinnhaftigkeit" jenes Gefühl der Überzeugung beschreibt, welches das Eingehen einer Verpflichtung mit einem energetischen Mehraufwand beschreibt. Diese werde aber weniger

---

[16] LENZ, Kinder, a.a.O., S. 68f.
[17] GOLDSCHMIDT V.V. & WANG A.R.: Interviews with psychiatric inpatients about professional intervention with regard to their children. In. Acata Psychiatrica Scandinavica, Volume 93, Issue 1. Department of Child and Adolescent Psychiatry. Hilleroed Hospital, Helsevej 2, OK-3400 Hilleroed. Denmark. January 1996, S.51- 61
[18] LENZ, Kinder, a.a.O., S. 66

als Last empfunden werde, da sich der Einsatz lohne und als Herausforderung gesehen werden könne, an welcher man wächst.[19] Der Meinung Antonovskys nach trägt dieser „sense of Meaningfulness" zu einem verstärkten Kohärenzgefühl bei, welches ausschlaggebend für die Gesundheit sei, da es Ressourcen aktiviere.[20] Die Bedürfnisse eines Kindes zu erfüllen, Schutz zu bieten, Werte zu vermitteln und einem Menschen einen positiven Lebensweg bieten zu können, gebe den psychisch Erkrankten Halt. Verpflichtungen strukturieren den Alltag und ermöglichen so einen Modus, in welchem Aktivität und Kontakt zu anderen einfacher ist, da dieser nun notwendig und gewohnt ist. Die Bewältigung dieser Aufgaben lässt die erkrankten Elternteile Mut und Hoffnung schöpfen, auch der Selbstwert und das Gefühl der Selbstwirksamkeit werden gesteigert.[21]

Die Betreuung eines Kindes kann also zur psychischen Gesundheit beitragen. Umgekehrt funktioniert die These Antonovskys allerdings auch: fällt das Kind als Hauptaufgabe im Leben und fällt weg, so ist die Wahrscheinlichkeit gegeben, dass auch die damit einhergehenden positiven Einflüsse wegbrechen und die Eltern den Halt verlieren können.[22]

Tatsächlich versuchen psychisch erkrankte Eltern diesen Halt in schwierigen Phasen der Erkrankung oft bei ihren Kindern zu suchen. Hierbei kann es passieren, dass zu viel Verantwortung auf die Kinder übertragen wird und die Generationsgrenzen aus dem Gleichgewicht geraten: man spricht von *Parentifizierung*.[23] Weitere mögliche Kanäle, außer dem des kraftschöpfenden Motivs, welche parentifizierte Kinder und ihre psychisch kranken Eltern verbindet, werden im weiteren Verlauf der Arbeit beleuchtet.

---

[19] Vgl.ANTONOVSKY, A.: Salutogenese. Zur Entmystifizierung der Gesundheit. Deutsche Herausgabe von Alexa Franke. dgvt-Verlag, Tübingen 1997
[20] Ebd.
[21] Vgl.LENZ, Kinder, a.a.O., S.66f.
[22] Ebd.
[23] Ebd.

3 Parentifizierung

> „Dass wir wieder werden wie Kinder, ist eine unerfüllbare Forderung. Aber wir können zu verhüten versuchen, dass die Kinder so werden wie wir." - Erich Kästner

Der Begriff der Parentifizierung (lateinisch: „parentes" - Eltern und „facere" - machen) existiert seit etwa 40 Jahren im Fachjargon. Während die Parentifizierung in früheren Zeiten vor allem *nur* wahrgenommen wurde, versucht man sich heute familientherapeutisch mit den Folgen und möglichen Behandlungsansätzen Betroffener auseinanderzusetzen.[24]

Innerhalb von sogenannten Parentifizierungsprozessen wird die Eltern-Kind-Rolle umgekehrt, das Kind kümmert sich um das Wohl des erkrankten Elternteils und nimmt für die Eltern eine Eltern- oder Partnerfunktion ein. Ivan Boszormenyi-Nagy und Geraldine Spark prägten den Begriff und definieren Parentifizierung als „subjektive Verzerrung einer Beziehung – so, als stelle der Ehepartner oder gar eines der Kinder einen Elternteil dar."[25] Es würde ein Ungleichgewicht des gegenseitigen Gebens und Nehmens entstehen, wodurch das System „Familie" durcheinander geraten würde.[26]

Morris und Gould (1963) bezeichnen den Prozess der Parentifizierung treffenderweise als Rollenumkehr („role reversal") oder „Umkehr der Abhängigkeitsrolle".[27]

Wichtig ist der Unterschied zwischen einem parentifizierten Erwachsenen und einem parentifizierten Kind. Bei Paaren verfällt der parentifizierende Partner unbewusst in einen regressiven Entwicklungsstand, ähnlich dem eines Kindes und will dementsprechend versorgt werden. Geschieht dies in einer Eltern-Kind-Beziehung, wird nicht nur der Erwachsene zum Kind, auch das Kind wird zum Erwachsenen erhoben. Es wird also auch die Generationsgrenze durchbrochen, indem das

---

[24] Vgl. HAUSSER, A.: Die Parentifizierung von Kindern bei psychisch kranken und psychisch gesunden Eltern und die psychische Gesundheit der parentifizierten Kinder. Medizinischen Fakultät der Universität Hamburg 2012, S.18
[25] BOSZORMENYI-NAGY I. & SPARK G.: Unsichere Bindungen. Die Dynamik familiärer Systeme. Klett-Cora. Stuttgart 1981, S.209
[26] Ebd.
[27] Vgl. MORRIS, M.G. & GOULD, R.W.: Role reversal: a necessary concept in dealing with the "battered child syndrome". American Journal of Orthopsychiatry, 33, 298-299. In:Graf J. & Frank R. (2001). Parentifizierung: Die Last als Kind die eigenen Eltern zu bemuttern. In S. Walper & R. Pekrun (Hrsg.), Familie und Entwicklung. Aktuelle Perspektiven der Familienpsychologie. Göttingen: Hogrefe, 314-341

Kind den Erwachsenen-Status erhält. Zusätzlich verfügt das Kind über weniger Bewältigungsstrategien als ein Erwachsener und befindet sich zudem in einem Abhängigkeitsverhältnis zu seinen Eltern.[28]

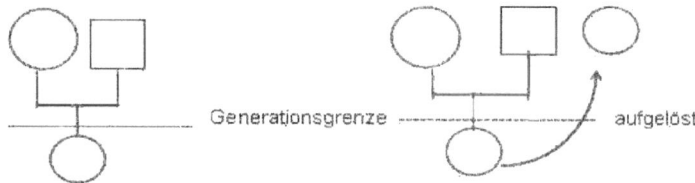

Abb. 1: Verletzung der Generationsgrenzen[29]

Da das Kind durch die Verschiebung der Generationsgrenzen auf die Ebene der Eltern rutscht, steht es somit in anderer Beziehung zu beiden Elternteilen, auch zu dem gesunden. Häufig übernimmt das Kind eine Art „Sorgerolle", in welcher es zwischen den Eltern versucht eine Balance herzustellen, indem es sich bemüht, die unerfüllten Wünsche des gesunden Partners gegenüber des erkrankten auszugleichen, wie etwa fehlende Zuwendung und Gespräche.

Aktuell setzt sich die Forschung zwar mehr und mehr mit Kindern psychisch kranker Eltern auseinander, Parentifizierung spielt hierbei jedoch nur eine beiläufige Rolle.

Forschung mit alleinigem Fokus auf Parentifizierung wurde bis zum heutigen Tag vergleichsweise wenig betrieben. Boszormenyi-Nagy und Spark widmen in „Unsichtbare Bindungen – Die Dynamik familiärer Systeme" im Jahr 1973 der Parentifizierung erstmalig ein ganzes Kapitel. Namhafte Forscher aus den USA sind Lisa Hooper und Gregory J. Jurkovic, in Deutschland haben speziell Johanna Graf und Reiner Frank (2001) mit ihrem Beitrag „Parentifizierung: Die Last als Kind die eigenen Eltern zu bemuttern" in Sabine Walpers und Reinhard Pekruns Sammelband „Familie und Entwicklung" einen wertvollen Forschungsbeitrag geleistet. So auch Agnieszka Hausser mit ihrer Dissertation von 2013: „Die Parentifizierung von

---

[28] Vgl. BOSZORMENYI-NAGY et al., Bindungen, a.a.O., S.210
[29] Abbildung 1: Auflösung der Generationsgrenze. Parentifizierung der Tochter aus Partner-Ersatz des Vaters. Aus: CONEN, M-L.: Sexueller Missbrauch aus familiendynamischer Sicht - Arbeitsansätze in der SPFH (PDF). In: Handbuch Sozialpädagogische Familienhilfe (PDF). Stuttgart 1999, S. 382 ff.

Kindern bei psychisch kranken und psychisch gesunden Eltern und die psychische Gesundheit der parentifizierten Kinder".

Doch wie und warum entsteht Parentifizierung überhaupt? Das Fundament für eine Parentifizierung bilde vor allem ein negatives Familienklima mit partnerschaftlichen Beziehungsproblemen. Neben Konflikten können auch die Scheidung oder der Tod des Partners oder der Partnerin eine Rolle spielen. Eigene Parentifizierungserfahrungen innerhalb der Herkunftsfamilie, sowie chronische oder psychische Erkrankungen seien ebenfalls mögliche Erfahrungen, welche zu Parentifizierungsprozessen führen könnten, besonders Familien mit einem psychisch erkrankten Elternteil seien betroffen.[30] In dieser Arbeit liegt der Fokus auf parentifizierten Kindern psychisch erkrankter Eltern.

Eine große Rolle für mögliche Auswirkungen spielt in jedem Fall welche Form der Parentifizierung vorliegt.

3.1 Formen der Parentifizierung

Parentifizierung lässt sich in zwei Definitionskriterien einteilen. Zum einen darin, *wie* sie sich auf das Kind auswirkt und zum anderen, *welche Aufgaben* das Kind hauptsächlich übernehmen muss. Sind die Aufgaben des Kindes eher funktional, wie die Führung von Haushalt und Finanzen, sowie die körperliche Pflege Angehöriger, spricht man von *instrumenteller Parentifizierung*.[31] Die *emotionale Parentifizierung* bezieht sich auf Aufgabenzuweisungen auf emotionaler Ebene, wenn Kinder Liebe und Zuneigung im Sinne eines Partnerersatzes schenken, in die persönlichen Probleme der Eltern miteinbezogen werden und zu den Hauptverantwortlichen für den familiären Frieden werden. Aufgrund der emotionalen Grenzüberschreitung sei die emotionale Parentifizierung die destruktivere Form.

Vor allem Loyalitätskonflikte und Schwierigkeiten bei der Abgrenzung[32] würden eine besondere Belastung darstellen und seien entwicklungsbeeinträchtigend für das Kind.[33] In einzelnen Fällen wird die emotionale Parentifizierung im Sinne eines

---

[30] LENZ, Kinder, a.a.O., S.210
[31] Vgl. Hooper, L. M.: The application of attachment theory and family systems theory to the phenomena of parentification. The Family Journal 2007, 15, 217-223
[32] Siehe 2.2., S.5f.
[33] Vgl. JURKOVIC, G. J. (Ed.): Lost childhoods. The plight of the parentified child. Brunner & Mazel. New York 1997

Partnerersatzes körperlich erweitert, es kann zu einer „sexuellen Parentifizierung" kommen.[34]

Die Frage nach dem „wie wirkt sich die Parentifizierung auf das Kind aus?", beantworten die Begriffe der *adaptiven Parentifizierung* mit positiven Auswirkungen auf das Kind und der *destruktiven Parentifizierung* mit negativen Folgen. Werden die Entwicklungsmöglichkeiten des Kindes eingeschränkt, ist von destruktiver Parentifizierung die Rede. Aufgrund der andauernden Überforderung rücken die kindlichen Bedürfnisse in den Hintergrund, die elterlichen Erwartungen rufen Sorge und Angespanntheit hervor und können so einen „Verlust der Kindheit" provozieren.[35] Komplikationen bei der Entwicklung eines autonomen und individuellen Selbstbildes seien nicht unwahrscheinlich und könnten zu Überangepasstheit, Perfektionismus und Isolation führen. „Die emotionale Belastung aufgrund der inneren Spannung zwischen Machtgefühl und Versagensangst können zu vermindertem Selbstwertgefühl, Verhaltensauffälligkeiten und intellektuellen Beeinträchtigungen bis hin zu somatischen Beschwerden und psychischen Störungen wie Depressionen, Angststörungen, Essstörungen, Substanzmissbrauch und sogar Suizidalität führen", so Agnieszka Hausser (2012) in ihrer Studie zu parentifizierten Kindern.[36] Eine weitere Form pathologischer Parentifizierung könne sich als Infantilisierung und Überbehütung äußern. So könne hinter der Schulangst eines Kindes ein Elternteil stehen, welches sich wünscht, vom Schule schwänzenden Kind umsorgt zu werden.[37]

Boszormenyi-Nagy et al. (1981) als Vertreter des Ansatzes, dass Parentifizierung nicht schädigend sein muss, bewerten die Folgen von Parentifizierung nicht als negativ, solange die Entwicklungsmöglichkeiten des Kindes nicht eingeschränkt werden. Dies sei vor allem dann möglich, wenn jeder Beteiligte im Familiensystem ein potenzielles Parentifizierungsobjekt darstelle.

---

[34] SIMON, F. B. / CLEMENT U. / STIERLIN, H.: Die Sprache der Familientherapie. Ein Vokabular. Kritischer Überblick und Integration systemtherapeutischer Begriffe, Konzepte und Methoden, 6. Auflage HAUSSER, Agnieszka: Die Parentifizierung von Kindern bei psychisch kranken und psychisch gesunden Eltern und die psychische Gesundheit der parentifizierten Kinder. Medizinischen Fakultät der Universität Hamburg 2012, S.22 Stuttgart 2004
[35] Vgl. BOSZORMENYI-NAGY et al., Bindungen, a.a.O., S.211f.
[36] HAUSSER, A.: Die Parentifizierung von Kindern bei psychisch kranken und psychisch gesunden Eltern und die psychische Gesundheit der parentifizierten Kinder. Medizinischen Fakultät der Universität Hamburg 2012, S.22
[37] Vgl. BOSZORMENYI-NAGY et al., Bindungen, a.a.O., S.211f.

Vor allem Wertschätzung und Lob für die Übernahme der Aufgaben könne dazu führen, dass das Kind eine Steigerung von Selbstbewusstsein und Empathie erlangt, sowie eine erhöhte psychische Widerstandsfähigkeit, genannt „Resilienz".[38]
[39] Zudem sei es nach Byng-Hall hilfreich, wenn das Kind in der Verrichtung der Aufgaben Unterstützung erhält und der Erledigungszeitraum hierfür begrenzt sei.[40] Diese Eigenschaften tragen nach Graf und Frank zur adaptiven Parentifizierung bei. Nach Schier et al. spiele auch die Dimension der Fairness bei der adaptiven Parentifizierung eine tragende Rolle, da das Kind bei einer Unterstützung der Aufgaben diese selbst als gerecht empfinden würde.[41]

In der Studie von Lenz beschriebt ein 14-jähriges Mädchen ihre Situation:

> „Also, selbstständiger wird man, weil man selbst was in die Hand nehmen muss und man dafür ja auch sorgen will, wenn man sieht, dass es der Mutter nicht gut geht und man nicht weiß, wieso, dass man dann irgendwas macht, zum Beispiel dass man spült und kocht. Das ist dann ganz verständlich, weil man ja alles gut machen will, weil man denkt, dass es der Mutter dadurch dann auch wieder besser geht [...].
>
> Man denkt auch ganz anders als andere in diesem Alter, weil man schon so vieles erlebt hat [...]. Ich weiß nicht, aber man wird vernünftiger und ernster, weil man einfach so einiges in die Hand nehmen muss." [42]

Das hier zitierte Mädchen konnotiert die angesprochenen Parentifizierungsprozesse für sich auffallend positiv. Sie scheint stolz auf ihre Fähigkeiten zu sein und betont ihre Selbstständigkeit, was ein möglicher Hinweis auf eine adaptive Parentifizierung sein kann.

Hooper et al. (2011) konnten in einer Studie feststellen, dass das Ausmaß der Parentifizierung unabhängig von der vorliegenden Form positiv mit dem Ausmaß der psychischen Störungen im Erwachsenenalter korreliert, vor allem bei Ess-, Angst-

---

[38] Siehe 4.1., S.16f.
[39] Vgl. BOSZORMENYI-NAGY et al., Bindungen, a.a.O., S.211f.
[40] BYNG-HALL, J.: The significance of children fulfilling parental roles: implications for family therapy. In: Journal of Family Therapy. Volume 30, Issue 2, May 2008 Pages 147–162
[41] SCHIER K., EGLE U., NICKEL R., KAPPIS, B., HERKE, M. , HARDT J.: Parentifizierung in der Kindheit und psychische Störungen im Erwachsenenalter. Psychotherapie, Psychchosomatik, Medizinische Psychologie 61 (8), 2011, 364 - 371
[42] LENZ, A.: Kinder psychisch kranker Eltern. Hogrefe- Verlag. Göttingen, 2005

und Persönlichkeitsstörungen.[43] Auch East et al. (2009) verweisen auf explizite Zusammenhänge zwischen wöchentlichem Stundenaufwand und der Gesamtdauer der Parentifizierung mit Schwierigkeiten in der Schule und der Entwicklung eines gesunden Sexualverhaltens.[44]

3.2 Rollenzuweisungen parentifzierter Kinder

Nach Borszormenyi-Nagy und Spark beinhalten die Prozesse innerhalb der Parentifizierung klare Rollenzuweisungen. Die Autoren nennen *„Manifeste Sorgerollen"*, *„Opferrollen"* und *„Neutrale Rollen"*, welche die Kinder einnehmen.

Wenn Eltern durch ihre regressiven Verhaltensweisen in eine Hilflosigkeit verfallen, übernehmen parentifizierte Kinder die „Manifeste Sorgerolle".[45] Manchmal kümmern sich diese Kinder und Jugendlichen auch um die gesamte Familie und übernehmen nicht altersgerechte Aufgaben. Häufig sind mit diesen „Aufgaben" weniger einzelne Aufgaben gemeint, als ganze Lebensbereiche. Sie machen den Haushalt, kümmern sich um die finanziellen Angelegenheiten, erziehen die jüngeren Geschwister und unterstützen das psychisch erkrankte Elternteil als eine Art Pfleger in der Strukturierung des Alltags.[46]

Nimmt das Kind die „Opferrolle" ein, so spielt es entweder das unschuldige Opfer oder die Rolle des Sündenbocks oder des schwarzen Schafs. Ordnet sich das Kind nicht so wie gewünscht den Bedürfnissen Anderer unter, so kann es zum Feind werden und erhält den Status des Sündenbocks oder des schwarzen Schafs.[47] Jedoch sei nach Boszormenyi-Nagy und Spark zu beachten, dass die Rolle des oder der

---

[43] HOOPER L., DECOSTER J., WHITE N., VOLTZ M.: Characterizing the magnitude of the relation between self-reported childhood parentification and adult psychopathology. Journal of Clinical Psychology 2011; 67(10): 1028–43
[44] EAST P. L., WEISNER, T. S., SLONIM, A.:. Youths' caretaking of their adolescent sisters' children: Results from two longitudinal studies. Journal of Family Issues 2009, 30, 1671-1697
[45] Vgl. BOSZORMENYI-NAGY et al., Bindungen, a.a.O., S.213f.
[46] LENZ, Kinder, a.a.O. S.111
[47] NOWOTNY, E. (2006): Wie kann der Kontakt mit Kindern und Jugendlichen gestaltet werden? Verstehen der speziellen Situation: Rollenirritation, Vertrauensverlust, Bindungsunsicherheit und –angst, in: Kindler, H./ Lillig, S./Blüml, H./Meysen, T./Werner, (Hg.): Handbuch Kindeswohlgefährdung nach §1666BGB und AllgemeinerSozialer Dienst (ASD), Abschnitt 58-2, Deutsches Jugendinstitut

Aufopfernden mit nicht unerheblicher Macht über das Familiensystem einhergehe.[48]

Zudem existiert die „Neutrale Rolle". In einem eher chaotischen Familiensystem wirkt das parentifizierte Kind als ausgleichender Ruhepol und sorgt für Zusammenhalt. Die neutrale Rolle ist weder als „gebend", noch als „nehmend" bewertet, jedoch finde sich bei diesen Kindern häufig eine emotionale Leere, welche mit depressiven Gefühlen einhergehe.[49]

Lenz konkretisiert in „Kinder psychisch kranker Eltern" einige typische Rollenzuweisungen parentifizierter Kinder:

- „Kinder werden zu Friedensstiftern und Schiedsrichtern in konfliktreichen Partnerschaften,
- Kinder übernehmen Verantwortung für Haushaltsführung, Tagesstrukturierung und Medikamenteneinnahme,
- Kinder sind zuständig für die Versorgung und Pflege jüngerer Geschwister,
- Kinder sind gezwungen, nach der Trennung der Eltern schneller erwachsen zu werden und mit einem Elternteil den Verlust zu teilen,
- Kinder sollen den nicht verfügbaren kranken Partner ersetzen und
- Kinder sollen den Lebenstraum der Eltern realisieren."[50]

Das 18-jährige Mädchen, welches Albert Lenz folgend zitiert, ist eher der Rolle der manifesten Fürsorgerin zuzuordnen. Auch die „typischen Rollenzuweisungen" stimmen mit denen einer Fürsorgerolle überein:

> „Ja, mm, das hat sich so mit der Zeit entwickelt, das was Mama dann nicht gemacht hat, das hab' ich dann halt automatisch übernommen. Dass, wenn es darum ging, dann ging es ihr schlecht und war krank, dann bin ich halt immer einkaufen gegangen und dass es halt ist, dass ich mit den Behörden rede, zur Bank gehe und all solche Sachen, das ist erst seit drei, vier Jahren ungefähr. Und genauso habe ich jetzt die Aufgabe mich um ihre neue Wohnung zu kümmern, weil sie es nicht tut."(w, 18 Jahre)[51]

---

[48] Vgl. BOSZORMENYI-NAGY et al., Bindungen, a.a.O., S.216f.
[49] Vgl. Ebd. S.217
[50] LENZ, Kinder, a.a.O., S.210
[51] Ebd.

In Fachkreisen wird die Diskussion geführt, welche Rollen nun tatsächlich unter die Bezeichnung der Parentifizierung fallen. Gregory J. Jurkovic ist der Meinung, dass nur ein deutliches Fürsorgeverhalten auf eine Parentifizierung hinweise. Ebenso schlägt er vor, Parentifizierung als eigenständige Subkategorie in künftigen Misshandlungskategorien zu listen, da gerade die psychologische Kindesmisshandlung im Sinne von emotionaler Ausbeutung als Phänomen nicht präsent genug sei.[52]

Auch über die Faktoren, welche das Risiko einer Parentifizierung erhöhen, wird von Forschern diskutiert.[53] Welches sind Risikofaktoren, die eine Parentifizierung im Hinblick auf die psychische Erkrankung des Elternteils bedingen? Welche Auswirkungen haben die Einflüsse der erkrankten Eltern auf die Entwicklung des Kindes?

---

[52] JURKOVIC, 1997. In: Graf/ Frank 2001, Parentifizierung, a.a.O., S.317f.
[53] Ebd.

4 Der Einfluss der psychischen Erkrankung der Eltern auf die Entwicklung des Kindes – Risiko und Schutz

Risiko-Kinder

Als *„Risiko-Kind"* gilt ein Kind, welches unter erschwerten biopsychologischen, sozialen und psychosozialen Voraussetzungen aufwächst und sich damit einer erhöhten Wahrscheinlichkeit nach nicht in das anstehende gesellschaftliche Leben einpassen kann. Es existieren einige Langzeitstudien, beispielsweise von Manfred Laucht et al. (1999); Meyer-Probst/Teichmann (1984)[54][55] über Risiko-Kinder. Die Risiken wurden nahe der Geburt erfasst.

Grundsätzlich werden zwischen zwei Gruppen von Risikofaktoren unterschieden. Zum einen den Bedingungen, welche sich auf das Individuum Kind beziehen, wie biologische und psychologische Merkmale, auch allgemein als *„Vulnerabilität"* bezeichnet. Hierzu gehören genetische Belastungen wie auch beispielsweise früh- und untergewichtig geborene Kinder. Zum anderen existiert die Gruppe der umweltbezogenen Risikofaktoren, den sogenannten *„Stressoren"*, zu welchen Armut, Kriminalität oder auch der psychischen Erkrankung eines Elternteils zählt.[56] Da diese Stressoren fast immer auf die Vulnerabilität des Kindes einwirken, die Vulnerabilität eines Kindes jedoch auch seine Umwelt beeinflusst, hängen die beiden Gruppen von Risikofaktoren voneinander ab.

Laucht et al. (2000) fanden in der Mannheimer Risikokinderstudie heraus, dass organisch belastete Kinder durch die negativen Folgen früher Risiken bis ins Grundschulalter vor allem kognitiv und motorisch beeinträchtigt seien, während die psychosozial belasteten Kinder mit ihren kognitiven und sozial-emotionalen Kompetenzen Schwierigkeiten hatten.[57]

---

[54] Vgl. LAUCHT, M.; ESSER G. & SCHMIDT, M. H.: Strukturmodelle der Genese psychischer Störungen in der Kindheit - Ergebnisse einer prospektiven Studie von der Geburt bis zum Schulalter. In A. DÜHRSEN & K. LIEBERZ (Hg.): Der Risikoindex. Vandenhoeck & Ruprecht. Göttingen 1999; S. 176-196

[55] Vgl. MEYER-PROBST, B.& TEICHMANN, H.: Risiken für die Persönlichkeitsentwicklung. Thieme. Leipzig 1984

[56] PELLEGRINI D:S.: Psychosocial risk and protective factors in childhood. Developmental and Behavioral Pediatrics, 11, 201-209.

[57] LAUCHT, M.; G., M.; ESSER G. & SCHMIDT, M. H.: Längsschnittforschung zur Ewicklungsepidemiologie psychischer Störungen: Zielsetzung, Konzeption und zentrale Befunde der Mannheimer Risikokinderstudie. In: Zeitschrift für Klinische Psychologie und Psychotherapie. Hogrefe-Verlag, Göttingen 2000 Vol. 29, No. 4, 246-262 , S.1ff.

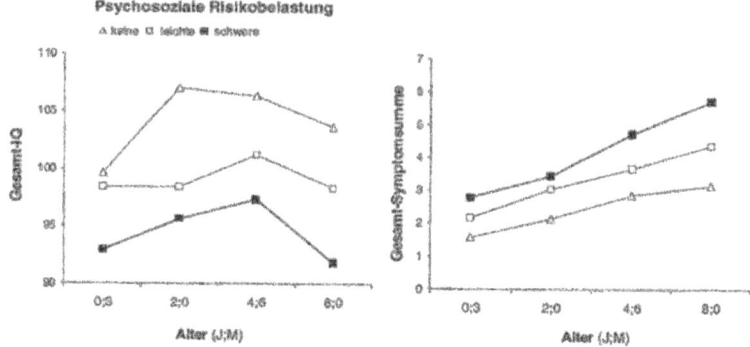

Abb. 2: Verlauf der kognitiven und sozial-emotionalen Entwicklung psychosozial belasteter Kinder vom Säuglings- zum Grundschulalter. Laucht et al.,2000.[58]

In der Abbildung von Laucht et al. (2000) ist der Verlauf der kognitiven und sozial-emotionalen Entwicklungen der psychosozial belasteten Kinder im Alter von null bis acht Jahren zu sehen. Je nach Schwere der Belastung ist nicht nur der Gesamt-IQ unterdurchschnittlich, auch in der Gesamt-Symptomsumme schnitten die Kinder signifikant schwächer ab.

Die biologisch verursachten Probleme der Kinder waren vor allem innerhalb der ersten Lebensjahre präsent, ihre Wirkung nahm dann mit den Jahren stetig ab. Die sozialen Risiken jedoch häuften sich über die Lebenszeit mehr und mehr an. Dabei konnte kein kausaler Zusammenhang zwischen der Art des Risikos und dem daraus resultierenden Verhaltensproblem gefunden werden. Aus diesem Grund wird ganz allgemein von einer „Vulnerabilität", sprich von einer „Verletzlichkeit" gesprochen, welche ausdrückt, dass das Kind die Belastungen von außen nicht in angemessener Weise für sich verarbeiten kann. Kinder ohne eine solche Vulnerabilität haben diese Probleme nicht, verarbeiten somit die Belastung und tragen keine spürbaren Folgen mit sich. Sie stellt das Gegenteil der Resilienz dar.[59]

---

[58] Abbildung 52 Ebd.
[59] RAUH, H.: Resilienz und Bindung bei Kindern mit Behinderungen. In: G. Opp & M. Fingerle (Hg.): Was Kinder stärkt. Erziehung zwischen Risiko und Resilienz (3. Auflage) Ernst Reinhardt Verlag, München 2008 S. 175-191 In: HILKER L.: Besonderheiten des Bindungsverhaltens bei Kindern mit Autismus: Interaktionsprobleme als Signalstörung zwischen Menschen – Erklärungsversuche am „DMM" nach Crittenden. Bachelorthesis. Goethe Universität Frankfurt, Frankfurt am Main 2014, S.41

Es konnte festgestellt werden, dass mit der Höhe der Risiken auch die Ausprägung der Vulnerabilität ansteigt. Vor allem die Qualität der Bindung zwischen Mutter und Kind scheint ausschlaggebend für die Ausprägung der Bewältigungskompetenzen des Kindes zu sein. So kann einerseits ein risikobelastetes mütterliches Verhalten zu einer Instabilität der Sicherheitsgefühle führen und so die Vulnerabilität des Kindes verstärken. Ebenso kann eine sozial stabile Sicherheitsbasis das Fundament für die Entwicklung von Resilienzfaktoren für das Kind sein.[60]

4.1 Resilienz bei Risiko-Kindern

„Resilienz" ist ein überaus wichtiges Schlagwort in der Bindungsforschung. Die US-amerikanische Psychologin und „Mutter" der Resilienz-Forschung Emmy Werner prägte den Begriff durch ihre Längsschnittstudie, welche sie auf der Hawaiinsel Kauai durchführte. Von 1955 bis 1999, also 44 Jahre lang, begleitete sie die Entwicklung von fast 700 Kindern, die unter schwierigsten Bedingungen wie Armut, Gewalt und Drogenmissbrauch aufwuchsen. Zwei Drittel der Kinder entwickelten, den schlechten Voraussetzungen entsprechend, erhebliche Probleme in der Schule, wurden drogenabhängig und hatten Schwierigkeiten sich anzupassen. Das restliche Drittel allerdings entwickelte sich trotz gleicher Ausgangsvoraussetzungen scheinbar unbeeindruckt positiv zu gesunden Erwachsenen. Diese Kinder waren *resilient.* [61]

---

[60] Ebd.
[61] Vgl. WERNER, E. & SMITH, R.: Vulnerable but Invincible. A longitudinal study of resilient children and youth, Mc Graw Hill, New York 1982, S.156-176 .In: HILKER, Signalstörung, a.a.O., S.38

Risiko- und Schutzfaktoren in der Kauai-Studie

Risikofaktoren[62]

Ernsthafte und wiederholte Kinderkrankheiten
Rasch nachfolgende Geburten jüngerer Geschwister
Entwicklungsprobleme der Geschwister Psychopathologische Auffälligkeiten der Eltern
Erkrankungen der Eltern
Schlechte Erziehung und Ausbildung der Eltern
Scheidung, Trennung, Tod der Eltern
Chronische Familienzwistigkeiten
Abwesenheit des Vaters
Arbeitslosigkeit des Vaters
Wechsel des Wohnorts
Chronische Armut
Perinatale Komplikationen
Verlängerte Trennungen von der primären Pflegeperson

Schutzfaktoren

Kind
Erstgeborenes
Hohe Aktivität als Säugling
Positives Sozialverhalten
Fähigkeiten zur Selbsthilfe
Gute Kommunikation
Ausgeprägte Interessen
Selbstkontrolle
Positives Selbstkonzept

---

[62] Vgl. Zusammenfassung I, S.20: Die Risikofaktoren, welche aller Wahrscheinlichkeit nach in Verbindung mit einer psychischen Erkrankung und damit einer möglichen Parentifizierung stehen, sind gelb markiert, die womöglich fehlenden Schutzfaktoren ebenfalls.

Umgebung
==Viel Zuwendung==
==Positive Eltern-Kind-Beziehung==
Weitere Beziehungsperson
(neben der Mutter)
Freunde und Kameraden
==Geregelter, strukturierter Haushalt==
==Zusammenhalt der Familie==
Hilfe und Rat bei Bedarf (Eltern, Lehrer)[63]

---

[63] Vgl. WERNER, E. & SMITH, R.: Vulnerable but Invincible. A longitudinal study of resilient children and youth, Mc Graw Hill, New York 1982, S.156-176

Eine Definition von Resilienz lautet:

> „Wenn sich Personen trotz gravierender Belastungen oder widriger Lebensumstände psychisch gesund entwickeln, spricht man von Resilienz."(Fröhlich-Gildhoff & Rönnau-Böse)[64]

Resilienz beschreibt also die *Widerstandsfähigkeit und Toleranz* gegenüber möglich auftretenden Störungen. Seitdem wird nach den psychischen Schutzfaktoren gesucht, die zur Abwehr und zum Ausgleich negativer Einflüsse von außen dienen, der Grundlage der Resilienz.[65]

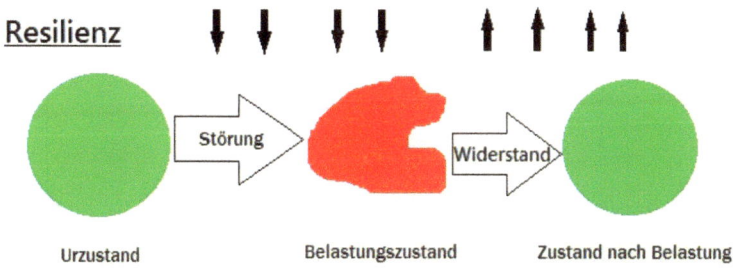

Abb. 3: Wirkung von Resilienz[66]

Wird dem Kind emotionale Sicherheit geboten, so helfe dies bei der Emotionsregulation um Stress, Angst und Frust zu bewältigen. Anders herum können emotionale Unsicherheiten einen Resilienz-Erwerb verhindern.[67]

---

[64] RÖNNAU-BÖSE, M. & FRÖHLICH-GILDHOFF, K.: Kinder Stärken! – Die Förderung der seelischen Gesundheit und Resilienz in Kindertageseinrichtungen. Gesprächspsychotherapie und Personzentrierte Beratung 40. Jg., H. 4,2009, S. 210 – 216. In: HILKER L.: Besonderheiten des Bindungsverhaltens bei Kindern mit Autismus: Interaktionsprobleme als Signalstörung zwischen Menschen – Erklärungsversuche am „DMM" nach Crittenden. Bachelorthesis. Goethe Universität Frankfurt, Frankfurt am Main 2014, S.38
[65] HILKER, Signalstörung, a.a.O., S.39
[66] Abbildung 3 Ebd.
[67] Vgl. AHNERT, L.: Resilienz durch Beziehungserfahrung: Auswirkungen auf die Stressbewältigung in der frühen Kindheit. Referat. URL http://paed-services.uzh.ch/html-sites/pp1/stoeckli/Tagung.html Stand 19.01.2014 In: HILKER, Signalstörung, a.a.O., S.40

4.2 Risikofaktoren für die Parentifizierung

Bei den Risikofaktoren für eine Parentifizierung wird zum einen von der Seite der Eltern, zum anderen von der Seite der Kinder ausgegangen. Als Risikofaktoren für Parentifizierung seitens der Kinder wurden innerhalb der Forschung der letzten 20 Jahre folgende Faktoren festgestellt:

- das weibliche Kindsgeschlecht,
- ein höheres Kindesalter,
- Empathie
- Reife und ausgeprägtes Sozialverhaltern, sowie ein
- afroamerikanischer, asiatischer oder lateinamerikanischer kultureller Hintergrund. [68] [69] [70]

Zu den Risiken bei einer Parentifizierung im Jugendalter schreibt Lenz in Kapitel vier von „Kinder psychisch kranker Eltern", dass gerade die Ablösungsprozesse Jugendlicher innerhalb von Parentifizierungsprozessen eine besondere Rolle spielen.[71] Eine Ablösung von den Eltern ist in diesem Beziehungsmuster von Seiten der Eltern nicht vorgesehen und fällt diesen deshalb schwer.[72] Darum richten die Eltern „gezielte Erwartungen, die mit spezifischen Aufträgen verknüpft sind und die auf besonders intensive Weise bindend wirken können"[73] an ihre Kinder. Der Wunsch nach einer engen Bindung kann so weit gehen, dass von dem heranwachsenden Kind so viel Aufmerksamkeit und Zeit eingefordert wird, dass es kaum mehr eigene soziale Kontakte pflegen kann. Diese Art des Klammerns und der Kontrolle stürzen die Jugendlichen häufig in Gefühle aus „Ausweglosigkeit und ein Wechselbad von Schuldgefühlen, Verzweiflung und aggressiven Abgrenzungsversuchen, die eine positive Gestaltung der Beziehung zum erkrankten Elternteil sowie der Ablösung und Autonomieentwicklung ohne „Trennungsschuld" zumindest wesentlich erschweren."[74] Dies führt häufig zum Streit zwischen Eltern und Kind:

---

[68] BYNG-HALL, parental roles, a.a.O., p.147-162
[69] Vgl. JURKOVIC, Lost childhoods, a.a.O.
[70] EAST et al., caretaking, a.a.O., p.1671-1697
[71] Siehe 2.2. S.5f.
[72] LENZ, Kinder, a.a.O., S.110
[73] Ebd.
[74] Ebd. S.110f.

„[...]und weil sie mich immer sozusagen zwingt: 'Mach doch das', 'Bleib bei mir'. Und ich meine, ich führe mein eigenes Leben, und da haben wir öfters dann immer mal Streit gehabt."(w, 17 Jahre)[75]

Interessant ist, dass sich eine adaptive Parentifizierung, vor allem im Jugendalter, nicht nur positiv auf die Entwicklung auswirken kann, sondern nach Boszormenyi-Nagy und Spark als zusätzlicher Resilienzfaktor gilt.[76]

Die Risikofaktoren für eine Parentifizierung seitens der Eltern sind ebenfalls divers. Genannt werden vor allem Deprivationen in der eigenen Kindheit mit Folgen einer transgenerationalen Weitergabe, sowie Probleme in der Eltern-Beziehung mit Trennung und Scheidung. In dieser Arbeit wird sich jedoch vor allem auf die psychische Erkrankung als Risikofaktor von Seiten der Eltern konzentriert, da diese besonders häufig mit Parentifizierung in Verbindung steht. Natürlich ist dabei nicht auszuschließen, dass alle hier genannten Faktoren gemeinsam auftreten können.

4.2.1 Die psychische Erkrankung der Eltern als Risikofaktor für die Parentifizierung

Liegt bei den Eltern eine psychische Störung vor, so suchen parentifizierende Eltern in ihren Kindern, was ihre Eltern ihnen nicht geben konnten: jemanden, der ihnen Verständnis, Liebe und Bewunderung entgegenbringt. Man spricht hier auch von *„transgenerationaler Weitergabe"*. Hierdurch werden sie von ihrem Kind emotional abhängig, oder auch *„narzisstisch bedürftig"*. Die eigenen Bedürfnisse stehen deshalb im Mittelpunkt, während die Bedürfnisse des Kindes zu kurz kommen.[77] [78] Richard A. Hanson führte 1990 eine Studie durch, welche diese Annahme belegen konnte. So fand er heraus, dass schwangere Jugendliche ihre Kinder seltener zur Adoption freigaben, wenn sie auf Liebe und Unterstützung von ihrem Kind hofften. Diese Erwartungshaltung ist durch die Tendenz zur Rollenumkehr geprägt und kann zu 90% mit vorliegenden *Persönlichkeitsstörungen* vorhergesagt werden. Vor allem schizoide, schizotypische, histrionische und passiv-aggressive Störungen

---

[75] Ebd. S.110
[76] Vgl. BOSZORMENYI-NAGY et al., Bindungen, a.a.O., S.209ff.
[77] MILLER A.: Das Drama des begabten Kindes und die Suche nach dem wahren Selbst. Suhrkamp, Frankfurt 1983
[78] KABAT R.: A role-reversal in the mother-daughter relationship. Clinical Social Work Journal, 1996,24 (3), 255-269

seien hierbei ausschlaggebend. Sehen Kinder ihre Eltern mit affektiven Störungen leiden, wollen sie diese trösten.[79] In Befragungen gaben erwachsene Kinder von Alkoholikern besonders häufig an, in ihrer Kindheit Parentifizierung erlebt zu haben. Dies lässt rückschließen, dass *Substanzmissbrauch* das Risiko für eine Parentifizierung erhöht. [80]

Zusammenfassung I

Sieht man sich nun noch einmal die Schutz- und Risikofaktoren der Kauai-Studie an, wird klar, dass gerade Kinder psychisch kranker Eltern nicht nur unter dem Primärfaktor der Erkrankung der Eltern leiden, sondern anzunehmen ist, dass durch diese Belastung weitere Risikofaktoren als Sekundärfaktoren hinzukommen. Die Risikofaktoren, welche aller Wahrscheinlichkeit nach in Verbindung mit einer psychischen Erkrankung und damit einer möglichen Parentifizierung stehen, sind gelb markiert, die womöglich fehlenden Schutzfaktoren ebenfalls. Blickt man nun auf die übrigen Schutzfaktoren, bleiben weniger die der Umwelt, als vor allem die des Kindes bestehen. Fehlt jedoch die unterstützende Umwelt wird dem Kind die Ausbildung von Resilienz erschwert.[81]

Für die Entwicklung von Resilienz gelten gerade die frühkindlichen Bindungserfahrungen als besonders prägend. So könnte man einen Parentifizierungsprozess im frühen Kindesalter klar als emotionale Unsicherheit werten.

Um sich dem Thema der Parentifizierung anzunähern ist es deshalb von Bedeutung, nicht nur nach Ursachen im Sinne von Risikofaktoren zu suchen, sondern sich auch bindungstheoretisch weiter zu nähern. Zumal sich die Frage stellt, ob nicht schon früh erste Anzeichen einer möglichen Parentifizierung anhand der Bindungsqualität zwischen Elternteil und Kind zu erkennen sind?

Welche Bindungsstrategie liegt bei Kindern mit psychisch kranken Eltern vor? Lassen Befunde aus der Forschung Schlussfolgerungen bezüglich der Bindung parentifizierter Kinder zu? Um diese Fragen zu beantworten, wird zunächst dargelegt, was Bindung bedeutet, welche Bindungstypen existieren und weshalb diese eine grundlegende Bedeutung für das Thema der Parentifizierung spielen.

---

[79] GRAF et al., Parentifizierung, a.a.O., S.321
[80] BEKIR, P., MC LELLAN, T., CHILDRESS A. R. & GARITI P.: Role reversal in families of substance misusers: a transgenerational phenomenon. International Journal of the Addictions, 1993, 28, 613-630
[81] Siehe 4.1., S.16f.

5 Parentifizierung und Bindung

Nach der Bindungstheorie von John Bowlby ist Bindung überlebenswichtig. Gerade für einen wehrlosen Säugling ist es notwendig bei der Mutter Schutz zu suchen, was bei dieser ein fürsorgliches Verhalten auslöst und sie so die Verantwortung für das Kind übernehmen lässt. Reagiert sie nicht auf die Schutzbedürftigkeit des Kindes, kann dies große Unsicherheiten in ihm auslösen, da sein Leben von der Mutter abhängt. Bindung bezeichnet das unsichtbare Band, das ein Kind mit einer Bezugsperson, bei Bowlby der Mutter, verbindet. [82]

Um die Kriterien einer sicheren Bindung nach John Bowlbys Bindungstheorie testen zu können, entwickelte Mary Ainsworth die *„Fremde Situation"*. Der entwicklungspsychologische Test soll die Mutter-Kind-Beziehung in einer standardisierten Situation beobachten, in welcher Unterschiede im Bindungs- und Explorationsverhalten der Kinder festgestellt werden sollen.

5.1 Die Fremde Situation und dieBindungstypen

Bei dem Experiment befinden sich zunächst Mutter und Kind zusammen in einem Raum. Nach kurzer Interaktion kommt eine fremde Frau hinzu, woraufhin die Mutter den Raum verlässt. Sie spricht vor der Tür, kommt wieder herein und begrüßt ihr Kind und soll mit ihm spielen. Die fremde Frau verlässt nun den Raum, nach wenigen Minuten die Mutter ebenfalls. Dann spricht erst die fremde Frau vor der Tür, betritt dann den Raum und interagiert mit dem Kind. Kurz darauf kommt die Mutter ebenfalls zurück, die Fremde geht. [83]

Vor allem die kindliche Reaktion in den Trennungs- und Wiedervereinigungsmomenten gibt Aufschluss auf die Qualität der Bindung zwischen Mutter und Kind, welche die Bewältigungsstrategien des Kindes beeinflusst. Anhand der Beobachtungen konnten mithilfe der Differenzierung verschiedener innerer Arbeitsmodelle der Kinder vier verschiedene Bindungstypen klassifiziert werden.

Diese Bindungstypen wurden mit den ersten vier Buchstaben des Alphabets, A, B, C und D deklariert. Die *„sichere Bindung"* wird als *B-Typ* bezeichnet. Dieses

---

[82] Vgl. RAUH, H.: Erste Bindungen. In: STOKOWY, Martin; SAHHAR, Nicola (Hg.): Bindung und Gefahr – Das Dynamische Reifungsmodell der Bindung und Anpassung. Psychosozial-Verlag, Gießen 2012, S.17-56
[83] Vgl. OERTER. & MONTDA L. (Hg.): Entwicklungspsychologie. Ein Lehrbuch. (4.Aufl. 1998) PVU, Weinheim S. 239 - 240

Bindungsmuster zeichnet sich dadurch aus, dass das zurückgelassene Kind seinem Kummer zwar kurzfristig Ausdruck verleiht, weint und Irritation zeigt, sich jedoch auch zügig von seiner Mutter trösten lässt und sich so wieder schnell beruhigen kann. In der Testsituation spielten diese Kinder auch mit der fremden Frau. Bei der Wiederkehr der Bezugsperson begrüßten sie diese freudig und liefen ihr entgegen. Für Patricia Crittenden findet dieser Typus ein angemessenes Gleichgewicht in der kognitiven sowie der emotionalen und affektiven Informationsverarbeitung.[84]

Die zweite Strategie beschreibt den *A-Typ* als *„unsicher vermeidende Bindung"*. Im Gegensatz zum B-Typ reagiert dieses Kind auf die Wiederkehr der Mutter distanziert. Es zeigt kaum emotionale Regungen wie Erleichterung, Freude oder Trauer und ignoriert seine Bezugsperson. Zudem spielt es auffallend oft alleine. Gegenteilig zu früheren Theorien, dass dieses Verhaltensmuster für eine frühe emotionale Eigenständigkeit und Reife steht, ist Mary Ainsworth der Ansicht, dass es für Unsicherheit in der Bindungsbeziehung steht. Crittenden stellt die Vermutung an, dass das Kind seine Emotionen im Zaum hält, da möglicherweise eine Abweisung der Bezugsperson aufgrund von größeren emotionalen Ausbrüchen des Kindes stattgefunden haben könnte. So versucht es, diese Bindungsperson in der notwendigen Nähe halten zu können, ohne erneut Abweisung erfahren zu müssen. Untersuchungen haben ergeben, dass der Spiegel der Stresshormone eines Kindes, welches dem A-Typus zugeordnet wurde, während des Fremde-Situations-Tests stark erhöht ist. Es wird deutlich, dass die A-Strategie am körperlich anstrengendsten ist.[85]

Als *„unsicher-ambivalent"* gilt der *C-Typ*. Kinder mit dieser Bindungsstrategie sind nicht nur kurzfristig emotional verunsichert, wenn die Bezugsperson den Raum verlässt, sie sind ebenfalls im Kontakt mit der Fremden emotional überfordert.[86]

Ein vierter Bindungstyp wurde wesentlich später von der US-amerikanischen Entwicklungspsychologin und Bindungsforscherin Mary Main zusammen mit ihren Mitarbeitern Judith Solomon und Berry Brazelton eingeführt. Diese *D-Bindung* wird als *„desorganisiert"* bezeichnet. Die zusätzliche Kategorie kam auf, da sich der Meinung der Forscher nach das Verhalten einiger Kinder keiner der bisher vorhandenen Bindungsstrategien nach Ainsworth zuordnen ließ. Diese Kinder zeigten vor allem unerwartete Verhaltensauffälligkeiten in ihren Bewegungsmustern wie Im-

---

[84] Vgl. RAUH, Erste Bindung, a.a.O., S. 48 In: HILKER, Signalstörung, a.a.O., S.32
[85] Ebd.
[86] Vgl. RAUH, Erste Bindung, a.a.O., S. 48 In: HILKER, Signalstörung, a.a.O., S.33f.

Kreis-Drehen, Schaukeln oder Erstarren und fielen durch ihre schwer zuzuordnenden unsicher-vermeidenden und unsicher-widersetzenden Handlungsweisen auf. Sie wirkten desorientiert und schienen nicht auf ihre Bezugsperson fixiert zu sein. Außerdem weinten sie zwar um ihre Bindungsperson, wenn diese den Raum verließ, schienen aber bei der Rückkehr wie beängstigt oder gelähmt. Ainsworth ordnete diesen Kindern meist den sicheren B-Typ zu oder zählte sie zu den unsicher-vermeidenden A-Kindern. [87]

Nach einer ersten Übersicht über die Bindungstypen wird zunächst versucht zu beantworten, welchen Einfluss die psychische Erkrankung des Elternteils, hier der Mutter, auf die Bindungsqualität mit dem Kind hat, um sich der Frage nach einem Zusammenhang zwischen Parentifizierung und Bindungsstrategien zu nähern.

5.2 Effekte mütterlicher Depression auf die frühkindlichen Bindungserfahrungen

Vor allem die postpartal depressive Erkrankung der Mutter in Bezug auf die frühkindlichen ersten Bindungserfahrungen findet in der Bindungsforschung besondere Aufmerksamkeit. Gerade nach der Geburt ihres Kindes sind Frauen besonders vulnerabel und können postpartal für mindestens zwei Wochen bis zu mehreren Monaten erkranken, allgemein als sogenannte „Wochenbett-Depression" bekannt. Ein Stimmungstief in üblichem kurzfristigen Ausmaß wird in der Öffentlichkeit gern als „Baby-Blues" bezeichnet, gilt jedoch nicht als pathologisch.[88] Die postpartale Depression kann bis zu einem Jahr nach der Geburt des Kindes auftreten. Bis ins Kleinkindalter besteht für Mütter ein erhöhtes Risiko an einer Depression zu erkranken, im ersten Lebensjahr eines Kindes erkranken ca. 6% bis 12% aller Frauen an einer Depression.[89]

Vor allem der Einfluss auf die Entwicklung des Kindes durch die Depression steht im Vordergrund des Forschunginteresses. Auch bei den postpartalen Depressionen konnten negative Einflüsse auf die Entwicklung motorischer, kognitiver und

---

[87] Ebd.
[88] WIEGAND-GREFE Silke, MATTEJAT Fritz & LENZ Albert: Kinder mit psychisch kranken Eltern. Vandenhoeck & Ruprecht, Göttingen 2010. S. 171
[89] AKMAN, C., UGUZ F., KAYA N.: Postpartum-onset maor depression is associated with personality disorders. Comprehensive Psychiatry, 01/2007, 48, 4, 343-347

sprachlicher Kompetenzen der „Risiko-Kinder" festgestellt werden. Wie in der Abbildung von Laucht et al. zu sehen, hatten die Kinder Defizite beim Gesamt-IQ.[90]

Der fehlende Blickkontakt der Mütter zu ihren Kindern im dritten Lebensmonat hatte Einfluss auf eine spätere Beeinträchtigung in der verbalen Intelligenzleistung. Bemerkenswert ist, dass Säuglinge depressiver Mütter mit ausreichend Blickkontakt Kindern gesunder Mütter in der Intelligenzentwicklung in Nichts nachstehen, so Laucht et al.[91]

Welches konkrete Verhalten bei den Säuglingen in einer solchen Situation mit fehlender Affektreaktion der Mutter ausgelöst wird zeigt ein Experiment von Dr. Edward Tronick.

5.2.1 Das Still-Face-Paradigma

1978 entwickelten Tronick et al. das *„Still-Face-Paradigma"* zur Untersuchung affektiver Verhaltensreaktionen des Säuglings.[92] Hier ist eine Situation hergestellt, in welcher die Mutter die Interaktion mit ihrem Säugling abbricht, indem sie alle Reaktionen und Mimik einstellt. In folgenden Studien stellt sich heraus, dass die Säuglinge auf diese Still-Face-Situation deutlich negativer reagieren als auf normale Interaktionen.[93] Dies wurde vor allem bei Säuglingen mit depressiv erkrankten Müttern festgestellt. Der Affektausdruck korrespondierte mit dem Interaktionsverhalten der Mutter. Während sich Säuglinge von depressiv-zurückgezogenen Müttern unruhig und weinerlich gaben, weinten Säuglinge von depressiv-intrusiven Müttern eher selten.[94] Nicht nur auf ihre Mütter reagierten die drei- bis sechs-monatigen Säuglinge in der Still-Face-Situation so, auch fremden Erwachsenen gegenüber reagierten sie mit wenig Ausdruck.

---

[90] LAUCHT et al., Längsschnittforschung, a.a.O., 246-262
[91] LAUCHT, M., ESSER, G. & SCHMIDT, M.H. (2002). Heterogene Entwicklung von Kindern postpartal depresiver Mütter. Zeitschrift für Klinische Psychologie und Psychotherapie 31, (2), 127-134
[92] Vgl. TRONICK, E., ALS H., ADAMSON L., WISE S. & BRAZELTON T. B.: The Infant's Response to Entrapment between Contradictory Messages in Face-to-Face Interaction. The American Academy of Child Psychiatry. Elsevier Inc. 1978
[93] Vgl. COHN J. F. & TRONICK E. Z.: Mother-Infant Face-to-Face Interaction: Influence is Bidirectional and Unrelated to Periodic Cycles in Either Partner's Behavior. Developmental Psychology Copyright 1988 by the American Psychological Association, Inc. 1988, Vol. 24, No. 3, 386-392
[94] Vgl. WIEGAND-GREFE et al., Kinder, a.a.O., S.173

Field, Helay, Goldstein, Perry und Bendell (1988) sahen hierin einen Zusammenhang zur Entwicklung eines depressiven Verhaltensstils, welcher im Vorschulalter zu einer emotionalen Vernachlässigung durch andere Bezugspersonen führen könne.[95]

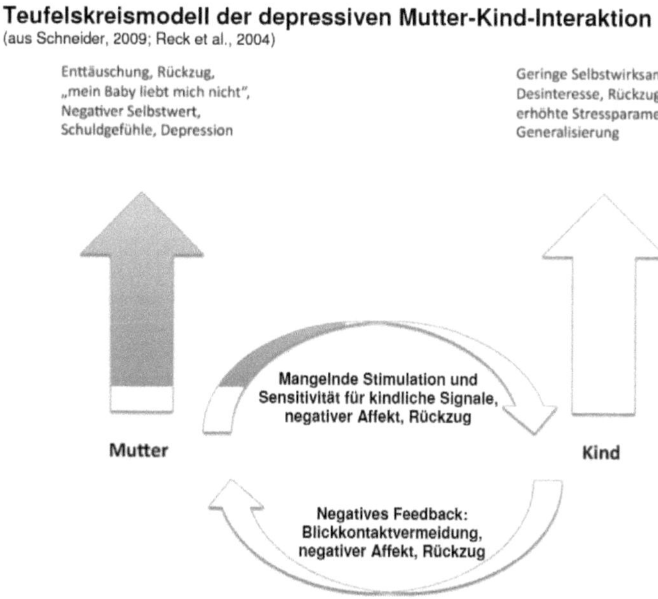

Teufelskreismodell der depressiven Mutter-Kind-Interaktion
(aus Schneider, 2009; Reck et al., 2004)

Enttäuschung, Rückzug,
„mein Baby liebt mich nicht",
Negativer Selbstwert,
Schuldgefühle, Depression

Geringe Selbstwirksamkeit,
Desinteresse, Rückzug
erhöhte Stressparameter
Generalisierung

Mangelnde Stimulation und Sensitivität für kindliche Signale, negativer Affekt, Rückzug

Mutter — Kind

Negatives Feedback:
Blickkontaktvermeidung,
negativer Affekt, Rückzug

Abb. 4: In: RECK Corinna: Mutter-Kind-Studie, Universitätsklinik Heidelberg 2004[96]

---

[95] FIELD, T., HEALY, B., PERRY, S. & BENDELL, D.: Infants of depressed mothers show "depressed" behavior even with nondepressed adults. Child Dev.59.1988. 1569-1579
[96] Abbildung 4: RECK, C.: Mutter-Kind-Studie, Universitätsklinik Heidelberg 2004

Wesentlich sei vor allem die Erfahrung der Säuglinge durch eine Reparatur der Mutter-Kind-Beziehung. Gianino und Tronick konnten 1988 beobachten, dass Kinder, welche positive Erfahrungen mit einer Reparatur im Spiel mit der Mutter gemacht hatten, die Aufmerksamkeit der Mütter in der Still-Face-Situation mit Lächeln und Vokalisation gewinnen konnten. So auch im Video mit Dr. Edward Tronick zu sehen:

Abb. 5: Auf positive Interaktion der Mutter reagiert das Kind ebenfalls positiv

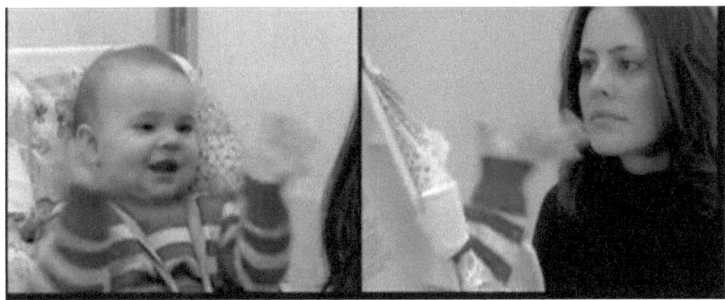

Abb. 6: Die Mutter stellt die Interaktion komplett ein, das Kind versucht, durch Reparatur die Aufmerksamkeit der Mutter für sich zu gewinnen

Abb. 7: Erst nach einem gescheiterten Reparationsversuch zeigt das Kind negative Affekte und weint

Abb. 8: Nachdem nun die Mutter wieder in die Interaktion mit dem Säugling zurückkehrt und damit die negative Situation positiv repariert reagiert zeigt auch das Kind wieder positive Affekte[97]

---

[97] YOUTUBE: Still Face Experiment: Dr. Edward Tronick. Hochgeladen von UMass Boston am 30.11.2009. URL https://www.youtube.com/watch?v=apzXGEbZht0

Macht das Kind wiederholt die Erfahrung, dass negative Affektzustände repariert werden können, so kann es ein stabiles Selbstgefühl entwickeln und es könne auch eine sichere Mutter-Kind-Beziehung entstehen.[98] Ist die nicht der Fall, führe das fehlende Gefühl von Sicherheit und Vertrauen bei diesen Kindern besonders häufig zu einem unsicheren und desorganisierten Bindungsmuster, welche das Erkrankungsrisiko der Kinder signifikant erhöhe. Allerdings stößt das Experiment klar an seine Grenzen. Da die Situation künstlich herbei geführt wird und davon auszugehen ist, dass der Säugling eigentlich mit dem gewohnten feinfühligen Verhalten der Mutter vertraut ist, kann hier nur ein sehr simples Prinzip erfolgreicher Situationsbewältigung dargestellt werden, zumal der Säugling durch den plötzlichen Entzug seiner gewohnten Mutter traumatisiert werden kann.

Nach Mary Ainsworths Konzept der Feinfühligkeit wäre für die Entwicklung einer desorganisierten Bindung die durch die psychische Erkrankung der Mutter fehlende oder gerade bei schizoiden Störungen *verzerrte* Feinfühligkeit hauptauslösend.[99] Eine verzerrte Feinfühligkeit läge beispielsweise dann vor, wenn die Mutter der Meinung ist, allen Bedürfnissen des Kindes nachzukommen, obwohl sie dieses vernachlässigt oder wie bei der Rollen-Umkehr selbst die Fürsorge des Kindes einfordert. Nach Lauchts Erfahrungen mit Kindern, deren depressive Müttern mit diesen im dritten Lebensmonat Blickkontakt hatten und deshalb keine Einschränkungen bei den Kindern vorzufinden waren, ließe das darauf schließen, dass die Mütter trotz der Erkrankung genügend Feinfühligkeit herausbilden konnten.

Bei Kleinkindern depressiv erkrankter Mütter fand sich gehäuft eine unsichere A-Bindung.

Später hatten diese Kinder vor allem mit Anpassungsstörungen, affektiven Symptomen und Schwierigkeiten im Sozialverhalten mit Gleichaltrigen zu kämpfen. Umso stärker die Depression der Mütter ausgeprägt war, desto eher entwickelten die Kinder ein desorganisiertes D-Bindungsmuster.[100]

---

[98] STERN, D.: Mutter und Kind. Die erste Beziehung. Klett-Cotta, 4. Auflage. Stuttgart 2002.
[99] GROSSMANN, K.E.: Skalen zur Erfassung mütterlichen Verhaltens von Mary D.S. Ainsworth; In: K. E. Grossmann (Hrsg.) Entwicklung der Lernfähigkeit in der sozialen Umwelt; München 1977, Kindler, S. 96–107.
[100] LENZ, Kinder, a.a.O., S.201

Die Frage nach der Bindungsstrategie bei Kindern psychisch Kranker, zumindest im Hinblick auf eine Depression der Mutter, kann also beantwortet werden: *Es findet sich gehäuft eine unsicher-ambivalente A-Bindung, sowie bei starker Ausprägung der Erkrankung, ein desorganisiertes Bindungsmuster.*

Eine bedeutende Rolle spielen hierbei die Erfahrungen mit der Reparatur negativer Effektzustände. Vielleicht lassen sich im Bewältigungsverhalten der Kinder Hinweise finden, die auf eine Rollen-Umkehr hindeuten. Entscheidend für die Entwicklung des Kindes ist nun hierbei, welche Kompetenzen der Säugling aus seinen Ressourcen[101] heraus entwickeln kann, um mit diesen Belastungssituationen umzugehen. Diese Bewältigungsstrategien bezeichnet man als *„Coping".*

5.3 Coping

Eine Definition von Coping lautet wie folgt:

> „1. Begriff: Handlung einer Person, die darauf abzielt, eine belastende Situation zu bewältigen"[102]

2. Strategien: Meist werden die zwei Formen des problembezogenen und des emotionsbezogenen Copings unterschieden. Beim problembezogenen Coping versucht eine Person eine Änderung der belastenden Situation oder der Problemursachen, wie Lärmquellen auszuschalten, herbeizuführen. Gegebenenfalls wird darunter auch die Neuinterpretation einer Situation gefasst. Beim emotionsbezogenen Coping versucht eine Person, die ausgelösten Emotionen wie Angst und Ärger, etc. zu bewältigen, beispielsweise durch Entspannen, Ablenken, Bewegen etc."[103]

Zudem lässt sich zwischen *adaptiven und maladaptiven Copingstrategien* unterscheiden, sie werden auch als *funktionale bzw. dysfunktionale Copingstrategien* bezeichnet. Während adaptive Copingstrategien zu einer langfristigen und nachhaltigen Lösung eines Problems beitragen, geht es bei maladaptiven Copingstrategien vor allem um Ablenkung.[104]

---

[101] siehe 4.1., S.16f.

[102] Springer Gabler Verlag (Herausgeber), Gabler Wirtschaftslexikon, Stichwort: Coping, online im Internet: URL http://wirtschaftslexikon.gabler.de/Archiv/77767/coping-v7.html Stand 7.03.2017

[103] Vgl. Ebd.

[104] Vgl SCHUG, R.: Arbeit und Streß. Bayrisches Ministerium für Arbeit und Sozialordnung. München 1990

Eine Erkenntnis aus der *transaktionalen Stresstheorie* von Richard Lazarus aus dem Jahre 1974 besagt, dass Copingstrategien nicht klar als gut oder schlecht gewählt bewertbar sind, sondern viel mehr die Passung zwischen der Situation und der gewählten Bewältigungsstrategie von Relevanz sei. Sind diese aufeinander abgestimmt, könne wieder ein inneres Gleichgewicht bei der Person hergestellt werden. Eine besondere Rolle spiele die Dimension der *Kontrollierbarkeit* in Stresssituationen: seien Situationen durch eigenes Handeln unter Kontrolle zu bringen, so mache es Sinn, eine problemfokussierte Strategie einzusetzen, während in unkontrollierbaren Belastungssituationen emotionsregulierende Copingstrategien mit Vermeidung der Situation und der Suche nach Unterstützung passender seien.[105]

In einer Studie von Kuhn und Lenz von 2008 über das Copingverhalten von Kindern schizophren erkrankter Eltern fanden die Autoren heraus, dass diese Kinder durch die hohe Verunsicherung und die Unkontrollierbarkeit des Alltags ein *besonderes Bewältigungsverhalten* an den Tag legen, welches zunächst vorteilhaft wirke, jedoch zu Überforderung führe: denn trotz der unkontrollierbaren Belastungssituation versuchen die Kinder problemorientierte Copingstrategien einzusetzen und die Situation aktiv unter Kontrolle zu bringen anstatt sich passiv zu verhalten und die Verantwortung abzugeben.[106]

Die Bedeutung der Dimension der Kontrollierbarkeit für diese Kinder schizophren erkrankter Eltern in unkontrollierbaren Situationen gibt womöglich einen Hinweis darauf, dass dieses Bewältigungsverhalten mit der Parentifizierung als Copingstrategie gleichzusetzen ist. Damit würde auch mit der weit verbreiteten Erklärung aufgeräumt, das Kind würde von dem psychisch erkrankten Elternteil „erwählt werden" – das Kind entscheidet aktiv an einer Parentifizierung mit, nur durch wechselseitiges Einverständnis kann es zur Rollenumkehr kommen.

---

[105] Vgl. LAZARUS, R. S.: Coping theory and research: past, present, and future. Psychosomatic Medicine, 1993
[106] Vgl. KUHN, J. & LENZ, A.: Coping bei Kindern schizophren erkrankter Eltern – eine täuschend gute Bewältigung. Praxis der Kinderpsychologie und Kinderpsychiatrie 57 (2008) 10, S. 735-756

6 Parentifizierung als Bindungsstörung

Kinder parentifizierender Eltern akzeptieren die ihnen zugewiesene Rolle, um die ansonsten nicht oder selten vorhandene Bindung herzustellen. Auch deshalb kann dieses Verhalten als Copingstrategie verstanden werden.[107]

> „They become parents to their parents in order to get parenting".[108]

Nach Main und Solomon (1990) können diese Kinder die Erwartungshaltung der Mütter nicht erfüllen und würden deshalb im Fremde-Situations-Test als *desorientiert und desorganisiert* eingestuft werden.[109] Sie würden in ihrer Entwicklung jedoch lernen, dass sie dann Nähe erfahren, wenn sie selbst in die fürsorgende Rolle schlüpfen.

Auch John Bowlby schenkte 1973 dem Phänomen der Rollenumkehr seine Aufmerksamkeit und nannte diese „role-reversed attachment disorder". Für ihn stellt sie eine Form der Bindungsstörung dar. Dabei könne die Mutter als Bezugsperson dem Kind keine sichere Basis bieten, welche eine Exploration der Umwelt durch das Kind zulassen würde. Sie erwarte stattdessen, dass das Kind für sie als Bindungsfigur fungiert und sie umsorgt. Auslöser für diese Erwartungshaltung der Mutter sei die eigenen unsicheren Erfahrungen in der Kindheit, keine verlässlichen Bindungspersonen zur Seite stehen zu haben.[110]

Zusammenfassung II

Kinder depressiver Mütter entwickeln durch verzerrte oder fehlende Feinfühligkeit häufig eine A- oder D-Bindung. John Bowlby bezeichnet die Parentifizierung als Bindungsstörung, man kann sie auch als eine Art Copingstrategie bezeichnen. Offenbar spielt die Kontrollierbarkeit der Situation eine tragende Rolle im Copingverhalten von Kindern psychisch kranker Eltern, da sie versuchen zu bewältigen,

---

[107] ZEANAH, C.H. & KLITZKE, M.: Role reversal and self-effacing solution: Observations from infant-parent psychotherapy. Psychiatrx, 54, 346-357
[108] COTRONEO, M.: Women and abuse in the context of the family. Journal of Psychotherapy and the Family, 3 1988, 81-96
[109] MAIN, M. & SOLOMON, J.: Parents' unresolved traumatic experiences are related to infant disorganizes attachment status: Is frightened and/or fighting parental behavior the linking mechanism? In D. Greenberg, D. Cicchetti & M. Cummings (Eds.), Attachment in the preschool years. University of Chicago Press. Chicago 1990, (pp. 161-182).
[110] BOWLBY J., 1973. In: Graf/ Frank 2001, Parentifizierung, a.a.O., S.317f.

was nicht in ihrer Macht liegt. Blickt man nun zurück auf das Verhalten unsicher-vermeidend gebundener A-Kinder, so fällt ein Zusammenhang auf:

Kinder mit A-Bindungsstrategie versuchen die Situation unter Kontrolle zu bringen, indem sie sich distanzieren und wenig Emotionen zeigen, um keine Abweisung zu erfahren. Durch die Dimension der Kontrolle finden sich also erneut klare Zusammenhänge zwischen der psychischen Erkrankung eines Elternteils und einer A-Bindungsstrategie.

Könnte man nicht also sagen: *die A-Bindungsstrategie ist durch das Vorgaukeln einer Selbstständigkeit zum eigenen Schutz womöglich der erste Schritt in Richtung einer Rollenumkehr?*

Was würde demnach also passieren, wenn diese Strategie jedoch nicht funktioniert? Welche Rolle spielt im Zusammenhang mit der A-Bindung die desorganisierte Bindung?

6.1 Die Besonderheiten des desorganisierten Bindungsmusters und elterlicher Kompetenz

Als Hauptauslöser für ein desorganisiertes Bindungsmuster gilt das widersprüchliche Verhalten seitens der Eltern, wie es bei psychisch kranken Eltern häufig der Fall ist.[111] Bei D-bindungstypischem Verhalten kommt es durch die Nicht-Aktivierung des Bindungsverhaltens zur Double-Blind-Situation, bei der die Mutter, welche Schutz bieten sollte zur potenziellen Gefahr wird. Ziegenhain et. al. (2014) erläutern, dass sich das Kind als weiterer möglicher Entwicklungsgang nicht *vor* der Bindungsperson fürchtet, sondern die *Furcht der Bindungsperson fürchtet*, im Sinne einer transgenerationalen Übertragung dieser Ängste auf das Kind.[112] Vor allem bei psychisch kranken Müttern, welche typische Schwankungen innerhalb der Krankheitsphasen erfahren, wie schizoide, schizotypische, histronische passiv-aggressive und affektiver Störungen, welche typisch für parentifizierende Eltern sind, spielt die Angst eine tragende Rolle.[113] Die Bindungstypen A und C seien zwar ebenso unsicher gebunden, jedoch organisiert, da der Interaktionsstil der Mutter konsistent bleibt. Das Kind könne sich so auf ein Bindungsmuster festlegen und

---

[111] SOLOMON, J. & GEORGE, C.: Explaining Disorganized Attachment. Clues From Research On Mild-to-Moderately Undernourished Children in Chile. Guilford Press, New York 1999
[112] Vgl SOLOMON et al., Disorganized Attachment, a.a.O. In: KÖLCH M., ZIEGENHAIN U. & FEGERT J.: Kinder psychisch kranker Eltern. Beltz Verlag. Weinheim, Basel 2014, S.17
[113] Siehe 4.2.1., S.20

dieses in potenziellen Gefahrensituationen aktivieren. Entwickelt das Kind eine desorganisierte Bindung, so reagieren die Eltern unangemessen aggressiv, bestrafend oder „dysfunktional". Kölch et al. beschreiben dysfunktionales Verhalten wie folgt:

> "Unter dysfunktionalem Verhalten lässt sich etwa negativ übergriffiges Verhalten verstehen (z.b. Nachäffen des Kinder oder sich über das Kind lustig machen).
>
> Dazu gehören sogenannte Rollenkonfusionen, z.b. wenn Eltern Trost vom Kind erwarten, sexualisiertes Verhalten gegenüber dem Kind zeigen oder hilflos sind, sich in einer jeweiligen Situation entsprechend ihrer elterlichen Rolle und Verantwortung zu verhalten. Auch dazu gehört emotional ausgeprägt zurückgezogenes Verhalten oder auch Kommunikationen, die ein Kind widersprüchlich erleben muss.Dies ist z. B. Der Fall,wenn Eltern das Kind verbal einladen Nähe zu suchen und sich dann körperlich abwenden. Schließlich gehört dazu so genanntes dissoziatives oder desorientiertes Verhalten, z. B. dann, wenn Eltern verwirrt wirken, sich zögernd oder furchtsam gegenüber dem Kind verhalten (mit Stimme, in Mimik, Körperhaltung oder plötzlichen Bewegungen), oder „Einfrieren" bzw. Sich „trance-ähnlich" bewegen."[114]

George und Solomon (1999) bezeichnen dieses dysfunktionale Verhalten als „Zusammenbuch des elterlichen Fürsorgesystems".[115] Hierbei würden die Eltern nicht nur an der physiologischen, emotionalen und erzieherischen Entwicklungsaufgabe scheitern, sondern auch an der grundlegend biologisch angelegten Aufgabe dem Kind Schutz zu bieten. Das Verhalten sei deshalb nicht nur nicht-feinfühlig, sondern in extremen Fällen gefährdend.[116] Studien zeigten, dass Kleinkinder mit dysfunktional agierenden Eltern 3,7 mal so häufig sogenannte hochunsicher desorganisierte Bindungen entwickelt hatten.[117]

---

[114] KÖLCH et al., Kinder, a.a.O., S.17f.
[115] SOLOMON, J. & GEORGE, C.: Defining the caregiving system: Toward a theory of caregiving. In: Infant Mental Health Journal Volume 17, Issue 3Autumn (Fall) 1996 Pages 183–197
[116] KÖLCH et al., Kinder, a.a.O., S.17f.
[117] LYONS-RUTH, K. & JACOBVITZ D.: Attachment disorganization: Genetic factors, parenting contexts, and developmental transformation from infancy to adulthood. In: Cassidy, Jude (Hrsg.), Shaver, Phillip R. (Ed). (2008). Handbook of attachment: Theory, research, and clinical applications, 2nd ed., , (pp. 666-697). New York 2008 NY, US: GCassidy, Jude (Ed); Shaver, Phillip R. (Ed). (2008). Handbook of attachment: Theory, research, and clinical applications, 2nd ed., , (pp. 666-697).Cassidy, Jude (Ed); Shaver, Phillip R. (Ed). (2008). Handbook of attachment: Theory, research, and clinical applications, 2nd ed., , (pp. 666-697) Guilford Press New York 2008

Nach der Studie von Main et al. von 1985 umsorgten unsicher-desorganisiert gebundene zwei-jährige Kinder ihre Mutter stark und zeigten dieses Verhalten auch noch im Alter von sechs Jahren.[118]

Bei diesen hochunsicher gebundenen Kindern wurde in der früheren Kindheit beobachtet, dass sie bei erhöhter Belastung keine Nähe zu ihrer Bezugsperson suchen und nicht auf eine sichere oder unsichere Bindungsstrategie zurückgreifen können, außerdem zeigen sie ein groteskes Konfliktverhalten.

Es zeigten sich zudem unterschiedliche Verhaltensweisen, „wie starke Gehemmtheit, körperliches Erstarren oder Furchtreaktionen".[119]

Bei älteren Kindern war eine hochunsichere Bindung zwar als organisiert, aber unangemessen zu beobachten. *Dazu gehört ein extremes Kontrollverhalten, wie zum einen übertriebener Fürsorge und zum anderen dominant bestrafendes Verhalten.*[120]

Auch die Beobachtungsstudie zur „Rollenumkehr als Interaktionsmerkmal misshandelnder Mütter und ihrer Kinder"[121] von Graf. et al (2001) kommt zu dem Ergebnis, dass vor allem bei misshandelten Kindern starke Anzeichen einer Rollenumkehr zu beobachten waren, desorganisierte Verhaltensweisen an den Tag legten und damit als unsicher-kontrollierend nach Main und Cassidy (1988)[122] oder als Kinder mit rollenverkehrter Bindungsstörung[123] eingestuft wurden.[124] Diese Kinder unterdrückten ihren Ärger in dafür angemessenen Situationen und wirkten hierdurch überangepasst. Vor allem seien die Kinder der Gruppe der misshandelten Kinder mit Parentifizierungsanzeichen durch ihre subtile Angst erkennbar, die Mütter seien merklich depressiv.[125]

---

[118] MAIN, M., KAPLAN, N. & CASSIDY J.: Security in Infancy, Childhood, and Adulthood: A Move to the Level of Representation. In:Monographs of the Society for Research in Child Development 50(1/2) · January 1985
[119] CRITTENDEN P., 2004 In: KÖLCH, Kinder, a.a.O., S.19
[120] Ebd.
[121] GRAF et al., Parentifizierung, a.a.O., S. 329-334
[122] MAIN M. & CASSIDY J.: Categories of response to reunion with the parent at age six: predictable from infant attachment classifications and stable over a one-month period. Developmental Psychology 1988, 24, 415-426
[123] ZEANAH C.H., MAMMEN, O.K. & LIEBERMAN, A.F.: Disorders of attachment. In C. H. ZEANAH (Ed.), Handbook of infant mental health (pp.143-173). Guilford, New York 1993
[124] GRAF et al., Parentifizierung, a.a.O., S.332f.
[125] Ebd.

Zusammenfassung III

Nach den bisherigen Erkenntnissen sind Kinder psychisch kranker Eltern nicht nur häufig unsicher-vermeidend und bei schwerer Erkrankung desorganisiert gebunden (Main u. Solomon 1990), bei diesen Kindern wurde auch ein besonderes Kontrollverhalten (Kuhn u. Lenz, 2008), sowie ein stark umsorgendes Verhalten beobachtet (Main et al. 1985). Nach Main & Cassidy (1988) könne man diese Kinder auch als unsicher-kontrollierend klassifizieren.

Die Beobachtung von Main und Solomon (1985) bedeutet also, dass ein umsorgendes Verhalten, wie das eines Kindes innerhalb von Parentifizierungsprozessen, schon im Alter von zwei Jahren festgestellt werde konnte.

Das lässt die Vermutung stark werden, *dass eine Rollenumkehr schon früh in Zusammenhang mit dem Bindungsverhalten initiiert wird und bindungstheoretische fundierte Phasen von Parentifizierung in der frühen Kindheit möglich sind.*

> Dies lässt nun die eindeutige Schlussfolgerung zu, dass bei diesen Kindern die Entwicklung einer A- und einer D-Strategie in engem Zusammenhang steht. Die Frage die sich stellt ist nur die, ob *entweder* ein A- *oder* D-Bindungssystem entwickelt wird, oder *beide Teil der Entwicklung* einer Bindungsstrategie sind, bzw. sein können.

Nachdem das Bewältigungsverhalten von Kindern psychisch kranker Eltern mit der Dimension der Kontrolle in Verbindung gebracht wurde, was wiederum darauf schließen lässt, dass *„Kontrolle"* im Zusammenhang mit der *unsicher-vermeidenden A-Bindungsstrategie* steht, stellen Main und Solomon (1990) nun eine weitere Verbindung durch die *desorganisierten D-Kinder, welche sich kontrollierend und fürsorgend beobachten ließen*, her. Auch bei Kölch et al (2014) wird dieser Zusammenhang desorganisiert gebundener Kinder mit unangemessen kontrollierendem Verhalten dargestellt. Am Ende der zweiten Zusammenfassung wurde die Frage gestellt, was geschehe, wenn die Strategie des A-Bindungssystems nicht aufgeht – liegt hier vielleicht die Antwort? Denn die Entwicklung des Bindungssystems dient vor allem der *Anpassung* an die Lebenssituation und zum Selbstschutz. Patricia Crittenden hat in diesem Sinne als erweitertes Bindungskonzept das „Dynamische Reifungsmodell der Bindung und Anpassung", kurz DMM, entworfen.

7 Definition des DMM

Das DMM wurde von der Entwicklungspsychologin Dr. Patricia Crittenden unter der Leitung von Mary Ainsworth und Beiträgen von John Bowlby als *„Dynamic-Maturational Model of Attachment and Adaption"* erarbeitet. Crittenden erweiterte die bisherigen Klassifikationen für Bindungsmuster, sodass nun komplexe Unterklassifikationen und Kombinationen entstehen konnten. Die selbstprotektiven Strategien reichen nun vom frühen Kindesalter bis ins Erwachsenenalter. In diesem wird Bindung wie folgt definiert[126]:

„Bindung umfasst im DMM drei Aspekte:

1. das Muster einer spezifischen Beziehung,
2. ein Muster der Informationsverarbeitung und
3. eine selbstprotektive Strategie."[127]

1. Ein Bindungsverhalten wird ausgelöst, wenn eine Gefahr droht und Person A bei Person B Schutz und Nähe sucht. Dieses Verhalten dient dem Überleben. Diese Beziehung wird als asymmetrisch bezeichnet, da Person A in Abhängigkeit zu Bindungsperson Person B steht – andersherum ist dies nicht der Fall. Erstere wird nicht die Rolle des Beschützers übernehmen. Die Bindungsperson steht in der Verantwortung ein Gefühl der Sicherheit zu vermitteln und zu beruhigen. Ausgelöst wird dieses Fürsorgeverhalten der Bindungsperson durch die Vermittlung signalstarker Affekte wie „Angst, Ärger und dem Bedürfnis nach Geborgenheit und Trost."[128] Diese Affekte werden *„negative Basiseffekte"* genannt. Je nachdem wie Mutter und Kind sich in welcher Situation verhalten bestimmt das *Muster einer spezifischen Bindung*.

2. Das *Muster der Informationsverarbeitung* beschreibt die inneren Verarbeitungsprozesse, bei denen die Integration von Informationen sensorischer Eindrücke dazu dient, ein Gesamtbild zu erstellen, welches ermöglicht potentiellen Gefahren vorzubeugen.

---

[126] Vgl. MILCH, W., SAHHAR, N. & STOKOWY, M.: Einleitung. In: STOKOWY, Martin; SAHHAR, Nicola (Hg.): Bindung und Gefahr – Das Dynamische Reifungsmodell der Bindung und Anpassung. Psychosozial-Verlag, Gießen 2012, S.15

[127] Vgl. STOKOWY, M. & SAHHAR, N.: Bindung und Gefahr – Das Dynamische Reifungsmodell der Bindung und Anpassung. Psychosozial-Verlag, Gießen 2012, S. 289

[128] Ebd.

Die Repräsentation, also die Vorstellung des „Selbst im Bezug zum aktuellen Kontext"[129], durch welche diese Vorhersagen getroffen werden können, soll das Verhalten an die entsprechende Situation anpassen, wodurch versucht wird das eigene Überleben zu sichern. Die Verhaltensweisen welche nun beobachtbar sind, lassen nicht immer auf denselben dazugehörigen Verarbeitungsprozess rückschließen, ebenso kann verschiedenartiges Verhalten auf ähnlichen Prozessen beruhen. Die aufgenommenen sensorischen Eindrücke werden in kognitive Informationen transformiert um den zeitlichen Kontext des Geschehens aufzugreifen, wie auch in affektive Informationen, die das „Wo" beschreiben. Bezogen auf das Bindungsverhalten liegt die Funktion dieser Vorhersagen nicht nur darin das eigene Überleben zu sichern, sondern auch das Überleben der eigenen Art. Es wird versucht Gefahren abzuwenden und die Fortpflanzung zu sichern.

3. Jene Muster werden bei Bedrohungen zum Selbstschutz abgerufen, also eine *selbstprotektive Strategie*, ebenso wie bei einer Gelegenheit zur Fortpflanzung Strategien bereitgestellt sind.

Da mehrere solcher Systeme zur Verfügung stehen kann es sein, dass diese in einen Konflikt geraten und Ängste auslösen. Aus diesem Grund muss sich eine balancierte Strategie mit den kontextualen Bedingungen verändern und neue Informationen integrieren. Bei Erwachsenen kann es sein, dass sich die selbstschützenden Strategien und die Strategien zum Schutze ihrer Kinder gegenseitig ausschalten. Dies kann ein gefährliches Verhalten motivieren und schwerwiegende Folgen für das Wohl des Kindes haben.[130]

Die Definition des DMM ist grundlegend für das Verständnis der Entwicklung selbstprotektiver Strategien – denn ohne Gefahren wären diese nicht notwendig.

7.1 Die Entwicklung eines Bindungssystems als Anpassungsleistung

Crittenden stellt die selbstprotektiven Strategien im Kindesalter als einen Fächer dar, welcher sich im Laufe des Lebens bis ins Erwachsenenalter zu einem Kreis erweitert. Mit dem Erreichen neuer reifungsbedingter neuronaler Entwicklungsstufen erweitern sich die vorhandenen Bindungsstrategien und bilden neue Subkategorien. Da es in dieser Arbeit um die Erkenntnis nach möglichen bindungstheoretisch fundierbaren Phasen der Parentifizierung in der frühen Kindheit bis ins

---

[129] Ebd.
[130] Vgl. STOKOWY et al., Bindung und Gefahr, a.a.O., S. 289 - 292

Vorschulalter geht, werden folgend die Strategien der entsprechenden Lebensalter erklärt:

7.1.1 Selbstprotektive Strategien im Kindesalter

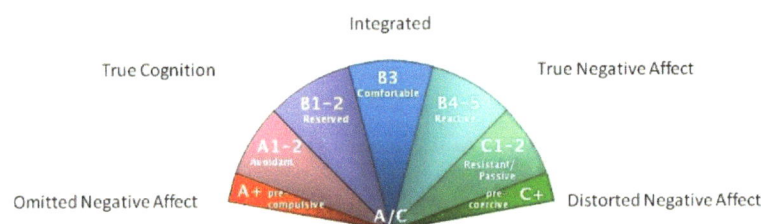

Abb. 9: Die selbstprotektiven Strategien im Kindesalter nach P. Crittenden 2001[131]

Während das B-Muster mit den integrierten wahren Informationen in der Mitte balanciert und „komfortabel" (B3) ist, führt ein zu starker Verlass auf die „wahre" bzw. „verzerrte" Kognition auf der A-Seite zu „vermeidendem" (A 1-2) und „präzwanghaftem" (A+) Verhalten. Gilt dies für den „wahren" bzw. „verzerrten negativen Effekt" der C-Seite ist ein „passives" oder „widerständiges" (C 1-2) und „präzwingendes" (C+) Verhalten zu erwarten.[132] Mit dem Kindesalter ist hier die frühe Kindheit im ersten Lebensjahr gemeint.

7.1.2 Selbstprotektive Strategien bis ins Vorschulalter

In ungefährlichen Kontexten sind die drei Basisstrategien A B und C zur Anpassung sinnvoll. Drohen allerdings Gefährdungen innerhalb von Abhängigkeitsbeziehungen, so müssen komplexere Muster für den optimalen Schutz geschaffen werden. Deshalb wird die Kognition in der Informationsverarbeitung verzerrt und verfälscht, aus A+ wird nun „zwanghaft fürsorgend" (A3) und „zwanghaft gefügig" (A4), aus C+ „aggressiv" (C3) und „vorgeblich hilflos" (C4). Ob aus einer A+-Bindungsstrategie ein A3- oder A4-Muster entsteht, entscheidet sich darüber, ob das

---

[131] Abbildung 9: CRITTENDEN, P.: Organization, Alternative Organizations, and Disorganization: Competing Perspectives on the Development of Attachment Among Endangered Children. Contemporary Psychology, Vol 46(6), Dec 2001 593-596

[132] RAUH, Bindung, a.a.O., S.50ff. In: HILKER, Signalstörung, a.a.O., S.37f.

Kind Angst *um* oder *vor* der Bindungsperson hat. Die Phase, in welcher diese komplexeren Muster zum Tragen kommen bezeichnet Ulrike Zach als die des Vorschulkindes. Gemeint ist damit aber nicht nur das Alter zwischen dem vierten. und sechsten Lebensjahr, die Phase beginnt hier schon im zweiten und endet mit dem sechsten Lebensjahr und knüpft damit direkt an die selbstprotektiven Strategien im Kindesalter an.

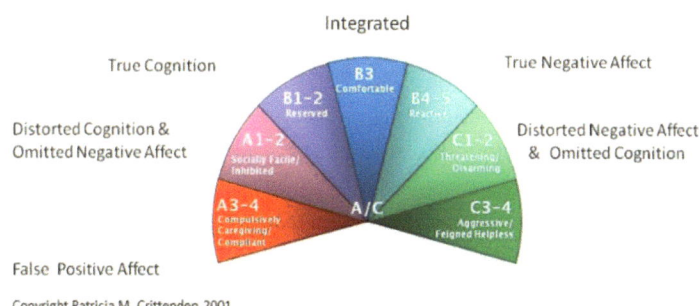

Abb. 10: Die selbstprotektiven Strategien im Vorschulalter nach P.Crittenden 2001[133]

7.2 Verhaltensindikatoren der A+-Bindungsstrategie

Die präzwanghafte A+-Strategie wird erst durch die neu hinzugewonnenen entwicklungsbedingten Fähigkeiten möglich. Gerade in der Regulation von Nähe und Distanz zur Bindungsperson kann deren Einsatz nun subtiler und mehrdeutiger gestaltet werden. Nach Daniel Stern könne erst durch die Erfahrung des Gegenübers und dessen Veränderbarkeit die Begrenztheit von eigenem Körper, Bedürfnissen und Willen spürbar werden. Durch die Präsenz des Anderen entwickle sich die eigene Präsenz. Nähe und Distanz seien deshalb so wichtig, um so die eigene Handlungsfähigkeit zu erproben und mit den Umweltbedingungen besser agieren zu können – nach Stern also auch eine Art „Strategie der Anpassung".[134]

Auch anhand der enormen Sprachentwicklung in der Zeit von zwei bis sechs Jahren, steht den Vorschulkindern die verbale Kommunikation als Instrument zur Verfügung. Die Ko-Konstruktion von Gedächtnisprozessen, welche im Austausch mit dem Erwachsenen entstehen, bewirken, dass das Selbstempfinden des Kindes deutlich mit der Bewertung der Bindungsperson verbunden ist. Dies lässt sich auch

---

[133] Abbildung 10: CRITTENDEN, Organization, a.a.O.
[134] Vgl. STERN, D.: Die Lebenserfahrung des Säuglings. Klett-Cora, Stuttgart 1992

auf generelle Vorstellungen und Bewertungen der Eltern übertragen und hat zur Folge, dass eigene episodische Erinnerungen zu den Aussagen der Eltern in Diskrepanz stehen.

Die A+-Strategien kennzeichnen sich durch das richtige Maß von Vermeidung, ohne der Bezugsperson das Gefühl von Zurückweisung zu vermitteln, und zusätzlichen falsch positiven Affekten als Beschwichtigungssignale. Die Vorschulkinder ertragen mehr körperliche Nähe als Kleinkinder, da sie trotzdem eine psychische Distanz zum Erwachsenen herstellen können. Initiieren sie selbst den Kontakt, fühlen sie sich wohler, da sich durch die Kontrollübernahme der Situation keine Eventualitäten von Seiten des Erwachsenen ergeben können und ein positiver Kontakt ist möglich. Hieraus kann sich auch promiskes Verhalten herausbilden. Da diese Kinder sehr gut darin sind Konfliktpotenziale zu reduzieren, finden sich bei ihnen klare Tendenzen zur Überangepasstheit. Da sich die A+-Kinder häufig leicht in den Kindergarten integrieren lassen, wird dies von Fachkräften oftmals fehlgedeutet.

Somit ist die Frage nach bindungstheoretischen Hinweisen bis zur frühen Kindheit geklärt, das DMM beantwortet diese mit einer Weiterentwicklung von der A+- zur A3-Bindungsstrategie.

Allerdings bleibt noch ungeklärt, in welchem Verhältnis die A- und die desorientierte D-Bindung grundsätzlich zueinander stehen. Lenz spricht davon, dass nach Ausprägung der Depression der Mütter eine A- oder D-Bindung entstehen würde.[135] Nach der Studie von Main und Cassidy von 1985 gaben sich als „desorganisiert" eingestufte Kinder ihrer Mutter gegenüber fürsorglich.[136] Kinder mit desorganisierten Verhaltensweisen legten den Autoren zufolge später kontrollierende Verhaltensweisen an den Tag.[137] Nach Crittendens erweitertem Modell würde man ihnen wohl eine A+-Strategie zuordnen. Deshalb stellt sich die Frage, zu welchem Zeitpunkt entsteht weshalb eine „Desorientierung", die ein entsprechendes Verhaltensweisen auslöst? Nach einer Interpretation der oben genannten Beobachtungen von Graf et al. (2001) *lernten die desorganisierten Kinder ihr Verhalten mit der Zeit zu organisieren und zeigten dann kontrollierende Verhaltensweisen.*

---

[135] siehe 5.2.1., S.27f.
[136] siehe 6.1., S.33f.
[137] Ebd.

Wird also *entweder* ein A- *oder* D-Bindungssystem entwickelt oder sind *beide Teil der Entwicklung* einer Bindungsstrategie? Auf die Antwort dieser Frage könnte Nicola Sahhar (2012) in ihrem Beitrag zum „Adult Attachment Interview (AAI)" wertvolle Hinweise geben.

7.3 D-Bindung: Um- statt Desorganisation?

Darin stellt Sahhar dar, dass die Desorganisationshypothese die ethologische Funktion von Bindung infrage stellen würde, da sich die Bindungsmuster evolutionär als Organisationsform für das Überleben herausgebildet hätten. Denn Angst sei *nicht desorganisierend*, sondern *umorganisierend*.[138] So sei die Kategorisierung „desorganisiert" erkennbare Probleme zu benennen, lasse jedoch „die damit verknüpften Adaptionsleistungen gefährdeter Individuen"[139] außen vor.

Im DMM existiert die Bezeichnung „*Unbewältigte Verluste/Traumata (Ul/Utr)*" und beschreibt *ein Unterbrechen der selbstprotektiven Strategie*, da diese durch gefährliche Situationen, wie einen Verlust oder ein unbewältigtes Trauma, überfordert wird.[140] Eine Verbindung dieser beiden Aspekte erscheint sinnvoll: durch eine Unterbrechung der selbstprotektiven Strategie findet eine Umorganisation statt.

Immer wieder wird die Kontinuität von Bindungsmustern erforscht, Crittenden et al. (1991) fanden in hoch gefährdeten Familien unter sehr instabilen Bedingungen einen Wechsel zwischen dem Bindungsmuster A und C.

> Deshalb wird in dieser Arbeit die Hypothese aufgestellt, dass bei früher Parentifizierung eine Desorganisation aus dem gescheiterten Versuch einer ersten Basisstrategie hervorgeht und bei ausreichenden Ressourcen einer Umorganisation zur A+- bzw. A3-Strategie dient. Parentifizierung kann bindungstheoretisch nachvollzogen werden und demnach als selbstprotektive Bindungsstrategie bezeichnet werden.

Das folgende Phasenmodell ist in diesem Sinne nur hypothetisch und bedarf weiterer Forschung, um die Hypothese bestätigen zu können.

---

[138] LE DOUX, J.E.: The emotional brain. Simon and Shuster. New York, 1996 In: STOKOWY et al., Bindung und Gefahr, a.a.O., S. 143

[139] SAHHAR N.: Adult Attachment Interview (AAI). In: STOKOWY et al., Bindung und Gefahr, a.a.O., S. 143

[140] STOKOWY, Bindung, a.a.O., S.302f.

8 Phasen der frühkindlichen Parentifizierung bis ins Vorschulalter

8.-12. Monat:

Durch die psychische Erkrankung des Elternteils (Depression etc.) kann es dem Kind durch eine verzerrte oder fehlende Feinfühligkeit keine sichere Basis bieten. Dauerhaft schwebt das Kind nun in Gefahr und muss ich sich eine Bindungsstrategie zum Überleben sichern. In diesem Alter lernt das Kind Emotionen zu hemmen. Deshalb versucht es durch eine A-Bindungsstrategie das Bindungsverhalten der Bindungsperson zu aktivieren. Funktioniert die Strategie, bleibt das Kind dabei, allerdings gilt das A-Bindungssystem nur für ungefährliche Kontexte.

15-30. Monat:

Im Falle mancher Kinder psychisch kranker Eltern geht die vermeidende A1-2 Bindungsstrategie nicht auf. Deshalb entsteht zunächst die „unsicher-desorganisierte" Bindung in einem Zustand der Angst und Hilflosigkeit als Unterbrechung der überforderten selbstprotektiven Strategie. Diese könnte man nun als möglichst kurze Zwischenstation für eine Umorganisation verstehen: stehen dem Kind genügend Ressourcen zur Verfügung, so wird es versuchen die Situation zu bewältigen und eine neue Bindungsstrategie für sich zu entwickeln. Diese Zwischenstation ist jedoch besonders entwicklungsbeeinträchtigend für das Kind, da noch keinen Anhaltspunkt für einen möglichen Schutz in Sicht hat. Das Kind muss nun nach dem DMM entscheiden: nichts tun und bei der desorganisierten Bindung bleiben und „verhungern" oder eine destruktive neue Bindungsstrategie anwenden und „vergiftete Früchte essen", aber überleben.

So ist klar: Coping ist in diesem Kontext immer nur im Sinne eines Versuchs möglich, da die Situation durch die grundsätzlich schädlichen Handlungsoptionen nicht „erfolgreich" bewältigt werden kann. Waren die bisherigen Erfahrungen des Kindes die starker Kindesmisshandlung von Eltern mit hochgradig dysfunktionalem Verhalten, so ist es möglich, dass es auf zu wenig Ressourcen zurückgreifen kann und deshalb desorganisiert gebunden bleibt.

Dem Kind gelingt es nun nicht nur negative Emotionen zu hemmen, sondern auch positive Affekte vorzutäuschen. Womöglich hat das Kind die Bedürftigkeit der Bindungsperson als Schlüssel zu Nähe und Schutz erkannt, da schon ab dem 18. Lebensmonat die Empathiefähigkeit entwickelt wird. Deshalb können nun erste

Anzeichen einer Rollenumkehr beobachtet werden können. Diese Bindungsstrategie nennt man präzwanghafte A+-Bindungsstrategie

3 – 6 Jahre:

Diese Bindungsstrategie differenziert sich weiter in die zwanghaft gefügige Strategie (A4) und die zwanghaft fürsorgliche Bindungsstrategie (A3). Da die parentifizierten Kinder vor allem Angst um die Bindungsperson haben, und nicht vor ihr, entwickeln sie die zwanghaft fürsorgliche A3- Bindungsstrategie.

Das Modell ist nicht so zu verstehen, dass Jahre zwischen dem Entstehen der desorganisierten Bindung und der Umorganisation zur A+- bis A3-Bindungsstrategie liegen. Die angegebenen Altersphasen stellen nur einen ungefähren Rahmen dar, in welchem der Prozess der Umorganisation stattfindet.

Das folgende Schaubild soll einen Überblick über die Parentifizierungsphasen geben:

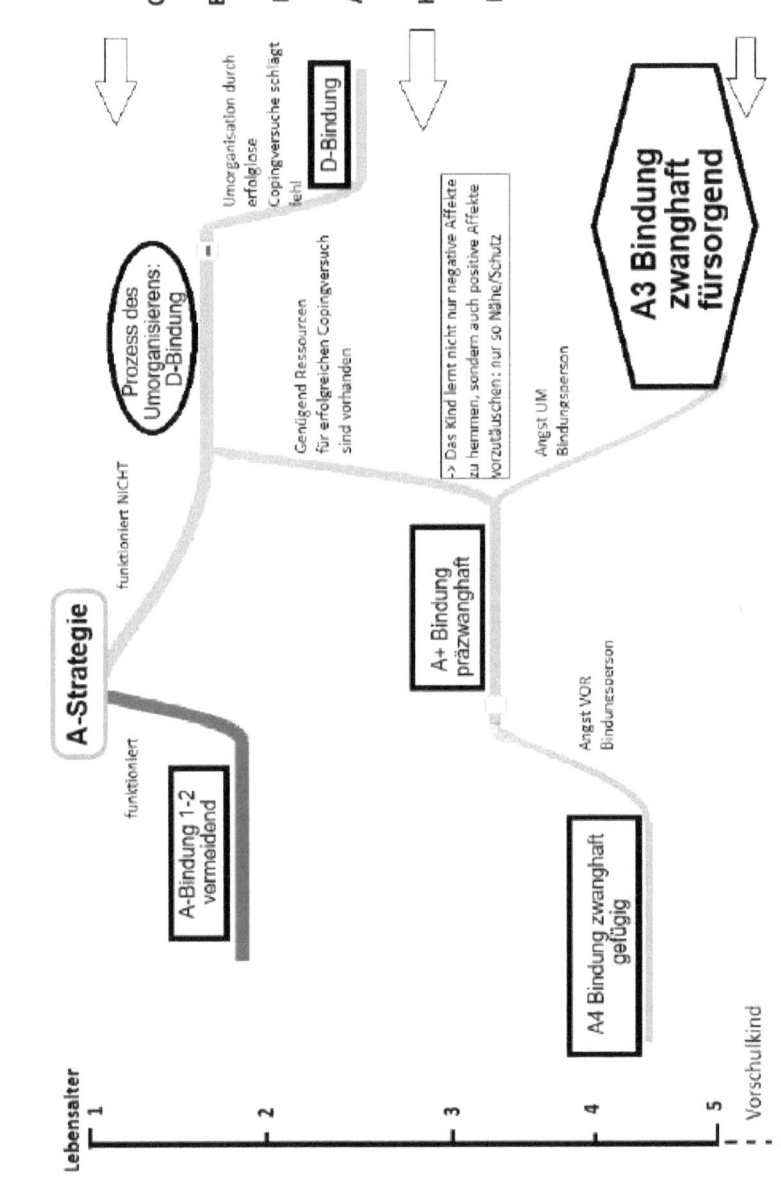

Abb. 11: Phasen der frühkindlichen Parentifizierung bis ins Vorschulalter von Lisanne Hilker (2017)

9 Fazit

Nun stellt sich schlussendlich die letzte Frage, inwieweit die Fragestellungen in dieser Arbeit beantwortet werden konnten. Überraschenderweise ließ sich auf jede hier gestellte Frage eine Antwort finden, was vor allem zeigt wie allumfassend und vielseitig anwendbar das DMM als erweitertes Bindungsmodell in Verbindung mit den Beiträgen verschiedener Bindungstheoretiker doch tatsächlich ist. Auch die Leitfrage der Masterarbeit: *„lassen sich bindungstheoretisch fundierte Phasen frühkindlicher Parentifizierung bis ins Vorschulalter bestimmen?"*, lässt sich abschließend mit „Ja" beantworten. Das Phasenmodell der Parentifizierung ist das Ergebnis der Kombination verschiedener Studienergebnisse mit bindungstheoretischen Ansätzen und damit ein erster hypothetischer Ansatz, welcher weiterer Forschung bedarf, um diesen zu bestätigen oder zu widerlegen. Doch mit diesem Phasenmodell würde die Parentifizierung, welche ihre Wurzeln schon in den ersten Bindungserfahrungen fasst, eine andere psychopathologische Relevanz besitzen als eine späte Parentifizierung im Jugendalter. Damit wäre das Ziel der Arbeit erreicht, mit der Parentifizierung als nebensächliches Phänomen aufzuräumen.

Die Entwicklung und Anwendung der Parentifizierung als selbstprotektive Strategie im dafür gegebenen Kontext ist keine Sicherheit und damit schwer vorherzusagen. Sind jedoch entsprechende Rahmenbedingungen gegeben, ergibt sich eine gewisse Wahrscheinlichkeit, dass das Kind die Rollenumkehr als selbstprotektive Strategie erwählt. Deshalb gilt es, diese Rahmenbedingungen früh zu erkennen und dem Kind entsprechende professionelle Hilfe bieten zu können. Dabei besteht die Schwierigkeit, wie so häufig bei Familien mit psychisch Erkrankten, in einer Tabuisierung der familiären Umstände. Ist dies der Fall, lässt sich wiederum aus dem kontrollierenden und fürsorglichen Verhalten eines Kindes auf dessen familiäre Rahmenbedingungen und eine mögliche Parentifizierung schließen, weshalb die Beobachtung der Interaktion zwischen Eltern und Kind von besonderer Bedeutung bleibt. Kompliziert macht dies die Überangepasstheit der Kinder, welche schnell dazu führen kann, dass das Kind als „unkompliziert" und damit als ungefährdet eingestuft wird, und deshalb nicht nach möglichen Warnzeichen Ausschau gehalten wird.

Denn wie dieser Arbeit zu entnehmen ist, stellt die destruktive Parentifizierung eine große Belastung für einen so jungen Menschen dar, ist in der Entwicklung nur schwer tragbar und bleibt aller Wahrscheinlichkeit nicht frei von destruktiven Folgen.

Die Entwicklungsmöglichkeiten der Kinder werden nicht nur eingeschränkt, sondern wie hier bei der frühkindlichen Parentifizierung von klein auf durch das psychisch erkrankte Elternteil gehemmt und zum eigenen Vorteil umgelenkt. Damit ist diese frühe Form der Parentifizierung weit weg von einer adaptiven Parentifizierung.

Wie Jurkovic bin auch ich der Auffassung, dass die Parentifizierung als psychische Kindesmisshandlung nicht präsent genug ist. Doch einen positiven Aspekt hat die Aktivierung der Rollenumkehr als selbstprotektive Bindungsstrategie: die extreme Anpassungsgabe dieser Kinder ist so hochkomplex, da sie es nicht nur schaffen aus einer hoch unsicheren Bindung eine funktionierende Bindungsstrategie zu entwickeln, sondern auch, im günstigsten Fall, das emotionale Sicherheits-System für die Bindungsperson und das Kind selbst durch die Entwicklung enormer Bewältigungskompetenzen zu tragen. So kann die Erfahrung dieser enormen Selbstwirksamkeit sicherlich dazu führen, dass durch das Erlernen von Kontrollübernahme und Steuerung auch die Bewältigung und Organisation des eigenen Lebens gut möglich ist. Wie die Kauai-Studie besagt, blieben 1/3 der Risiko-Kinder von den Umständen unbeeindruckt und entwickelten sich positiv zu gesunden Erwachsenen. Die adaptive Parentifizierung gilt nach Boszormenyi-Nagy und Spark gar als zusätzlicher Resilienzfaktor. So ließe sich die Vermutung anstellen, dass die Entwicklung dieser außerordentlichen Bewältigungskompetenzen und die Erfahrung intensiver Selbstwirksamkeit trotz destruktiver Parentifizierungsmuster zu einem Resilienzfaktor werden kann.

Weitere, noch unbeantwortete Fragen stellen sich viele, deshalb ist ein verstärktes Forschungsinteresse zur Parentifizierung in den kommenden Jahren wünschenswert und trägt langfristig zur Diagnostik, Früherkennung und vor allem therapeutischer Unterstützung parentifizierter Kinder bei.

Literaturverzeichnis

Literatur

Antonovsky, A. (1997): Salutogenese. Zur Entmystifizierung der Gesundheit. Deutsche Herausgabe von Alexa Franke. dgvt-Verlag, Tübingen

Akman, C., Uguz, F.& Kaya, N. (2007): Postpartum-onset maor depression is associated with personality disorders. Comprehensive, Psychiatry, 48,4, 343-347

Bekir, P., Mc Lellan, T., Childress, A. R. & Gariati, P. (1993): Role reversal in families of substance misusers: a transgenerational phenomenon. International, Journal of the Addictions, 28, 613-630

Boszormenyi-Nagy, I. & Spark, G. (1981): Unsichere Bindungen. Die Dynamik familiärer Systeme. Stuttgart, Klett-Cora.

Byng-Hall, J. (2008): The significance of children fulfilling parental roles: implications for family therapy. In: Journal of Family Therapy. Volume 30, Issue 2, May 2008 Pages 147–162

Cohn, J. F. & Tronick, E. Z. (1988): Mother-Infant Face-to-Face Interaction: Influence is Bidirectional and Unrelated to Periodic Cycles in Either Partner's Behavior. Developmental Psychology Copyright 1988 by the American, PsychologicalAssociation, Inc. Vol. 24, No. 3, 386-392

Cotroneo, M. (1988): Women and abuse in the context of the family. Journal of Psychotherapy and the Family, 3, 81-96

East, P. L., Weisner, T. S. & Slonim, A. (2009): Youths' caretaking of their adolescent sisters' children: Results from two longitudinal studies. Journal of Family Issues, 30, 1671-1697

Eckart W. U. (2013): Geschichte der Medizin, 6. Aufl. 2009, Springer Medizin Verlag Heidelberg, Pariser klinische Schule S. 193–195; Geschichte der Medizin 2009, Geschichte, Theorie und Ethik der Medizin, 7. Aufl. Springer Lehrbuch, Berlin, Heidelberg, Geschichte, Theorie und Ethik

Field T., Healy B., Perry, S. & Bendell, D (1988): Infants of depressed mothers show "depressed" behavior even with nondepressed adults. Child Dev.59, 1569-1579

Graf, J. & Frank, R. (2001): Parentifizierung: Die Last als Kind die eigenen Eltern zu bemuttern. In S. Walper & R. Pekrun (Hrsg.), Familie und Entwicklung. Aktuelle Perspektiven der Familienpsychologie. Göttingen: Hogrefe, 314-341

Grossmann, K. E. (1977): Skalen zur Erfassung mütterlichen Verhaltens von Mary D.S. Ainsworth; In: K. E. Grossmann (Hrsg.) Entwicklung der Lernfähigkeit in der sozialen Umwelt; München, Kindler, S. 96–107.

Hausser, A. (2012): Die Parentifizierung von Kindern bei psychisch kranken und psychisch gesunden Eltern und die psychische Gesundheit der parentifizierten Kinder. Medizinischen Fakultät der Universität Hamburg

Hilker L. (2014): Besonderheiten des Bindungsverhaltens bei Kindern mit Autismus: Interaktionsprobleme als Signalstörung zwischen Menschen – Erklärungsversuche am „DMM" nach Crittenden. Bachelorthesis. Goethe Universität Frankfurt, Frankfurt am Main

Hooper, L. M.: (2007): The application of attachment theory and family systems theory to the phenomena of parentification. The Family Journal, 15, 217-223

Hooper L., DeCoster J., White N., Voltz M. (2011): Characterizing the magnitude of the relation between self-reported childhood parentification and adult psychopathology. Journal of Clinical Psychology; 67(10): 1028–43

Jurkovic, G. J. (Ed.) (1997): Lost childhoods. The plight of the parentified child. New York: Brunner & Mazel.

Kabat, R. (1996): A role-reversal in the mother-daughter relationship. Clinical Social Work Journal, 24 (3), 255-269

Kölch M., Ziegenhain U. & Fegert J. (2014): Kinder psychisch kranker Eltern. Weinheim, Basel, Beltz Verlag.

Kuhn J. & Lenz A. (2008): Coping bei Kindern schizophren erkrankter Eltern – eine täuschend gute Bewältigung. Praxis der Kinderpsychologie und Kinderpsychiatrie 57,2008, 10, S. 735-756

Laucht, M., Esser, G. & Schmidt, M.H. (2002): Heterogene Entwicklung von Kindern postpartal depressiver Mütter. Zeitschrift für Klinische Psychologie und Psychotherapie 31, (2), 127-134

Laucht, M., Gerhold, M., Esser G. & Sschmidt, M. H. (2000): Längsschnittforschung zur Ewicklungsepidemiologie psychischer Störungen: Zielsetzung, Konzeption und zentrale Befunde der Mannheimer Risikokinderstudie. In: Zeitschrift für Klinische Psychologie und Psychotherapie. Hogrefe-Verlag, Göttingen 2000 Vol. 29, No. 4, 246-262

Laucht, M., Gerhold, M., Esser G. & Sschmidt, M. H. (1999): Strukturmodelle der Genese psychischer Störungen in der Kindheit - Ergebnisse einer prospektiven Studie von der Geburt bis zum Schulalter. In A. DÜHRSEN & K. LIEBERZ (Hg.): Der Risikoindex. Vandenhoeck & Ruprecht. Göttingen S. 176-196

Lazarus R. S. (1993): Coping theory and research: past, present, and future. Psychosomatic Medicine: May/June 1993 - Volume 55 - Issue 3 - ppg 234-247

Lenz, A. (2005): Kinder psychisch kranker Eltern. Göttingen, Hogrefe- Verlag

Lenz, A. (2014): Kinder psychisch kranker Eltern. Göttingen, Hogrefe Verlag

Lindgren A. (1987): Pippi Langstrumpf. Gesamtausgabe. Oetinger Verlag, 27. Auflage

Lyons-Ruth, K. & Jabcobvitz D. (2008): Attachment disorganization: Genetic factors, parenting contexts, and developmental transformation from infancy to adulthood. In: Cassidy, Jude (Hrsg.), Shaver, Phillip R. (Ed). (2008). Handbook of attachment: Theory, research, and clinical applications, 2nd ed., , (pp. 666-697). New York 2008 NY, US: GCassidy, Jude (Ed); Shaver, Phillip R. (Ed). (2008). Handbook of attachment: Theory, research, and clinical applications, 2nd ed., , (pp. 666-697).Cassidy, Jude (Ed); Shaver, Phillip R. (Ed). (2008). Handbook of attachment: Theory, research, and clinical applications, 2nd ed., , (pp. 666-697) Guilford Press New York

Main M. & Cassidy J. (1988): Categories of response to reunion with the parent at age six: predictable from infant attachment classifications and stable over a one-month period. Developmental Psychology 1988, 24, 415-426

Main M., Kaplan N. & Cassidy J. (1985): Security in Infancy, Childhood, and Adulthood: A Move to the Level of Representation. In: Monographs of the Society for Research in Child Development 50(1/2)

Main, M. & Solomon, J (1990): Parents' unresolved traumatic experiences are related to infant disorganizes attachment status: Is frightened and/or fighting parental behavior the linking mechanism? In D. Greenberg, D. Cicchetti & M. Cummings (Eds.), Attachment in the preschool years. University of Chicago Press. Chicago (pp. 161-182).

Mattejat F. (2001): Kinder mit psychisch kranken Eltern. In: Nicht von schlechten Eltern. Kinder psychisch Kranker. In: Mattejat, F., Lisofsky, B. (Hrsg.).: Psychiatrie Verlag, Bonn, 66-78

Mattejat F.& Remschmidt, H. (2008): Kinder psychisch kranker Eltern. In: Deutsches Ärzteblatt,105(23): 413–8

Meyer-Probst, B. & Teichmann, H. (1984): Risiken für die Persönlichkeitsentwicklung. Leipzig, Thieme.

Milch, W., Sahhar, N. & STokowy Ma. (2012): Einleitung. In: STOKOWY, Martin; SAHHAR, Nicola (Hg.): Bindung und Gefahr – Das Dynamische Reifungsmodell der Bindung und Anpassung. Psychosozial-Verlag, Gießen

Miller A. (1983): Das Drama des begabten Kindes und die Suche nach dem wahren Selbst. Suhrkamp, Frankfurt

Nowotny, E. (2006): Wie kann der Kontakt mit Kindern und Jugendlichen gestaltet werden? Verstehen der speziellen Situation: Rollenirritation, Vertrauensverlust, Bindungsunsicherheit und –angst, in: Kindler, H./ Lillig, S./Blüml, H./Meysen, T./Werner, (Hg.): Handbuch Kindeswohlgefährdung nach §1666BGB und Allgemeiner Sozialer Dienst (ASD), Abschnitt 58-2, Deutsches Jugendinstitut

Oerter R. & Montada L. (1998) (Hg.): Entwicklungspsychologie. Ein Lehrbuch. PVU, Weinheim., 4.Aufl. S. 239 – 240

Pellegrini, D. S. (1990): Psychosocial risk and protective factors in childhood. Developmental and Behavioral Pediatrics, 11, 201-209.

Rauh H. (2012): Erste Bindungen. In: Stokowy, M.; Sahhar, N. (Hg.): Bindung und Gefahr – Das Dynamische Reifungsmodell der Bindung und Anpassung. Psychosozial-Verlag, Gießen, S.17-56

Rauh, H.(2008): Resilienz und Bindung bei Kindern mit Behinderungen. In: G. Opp & M. Fingerle (Hg.): Was Kinder stärkt. Erziehung zwischen Risiko und Resilienz (3. Auflage) Ernst Reinhardt Verlag, München, S. 175-191

Reck C.(2004): Mutter-Kind-Studie, Universitätsklinik Heidelberg

Remschmidt H. & Mattejat F. (1995): Kinder psychotischer Eltern. Hogrefe Verlag

Rönnau-Böse, M. & Fröhlich-Gildhoff, K. (2009): Kinder Stärken! – Die Förderung der seelischen Gesundheit und Resilienz in Kindertageseinrichtungen. Gesprächspsychotherapie und Personzentrierte Beratung 40. Jg., H. 4

Sahhar N. (2012): Adult Attachment Interview (AAI). In: Stokowy et al., Bindung und Gefahr, a.a.O.

Schier K., Egle U., Nickel R., Kappis, B., Herke, M., Hardt, J. (2011): Parentifizierung in der Kindheit und psychische Störungen im Erwachsenenalter. Psychotherapie, Psychchosomatik, Medizinische Psychologie 61 (8), 364 - 371

Schug R. (1990): Arbeit und Streß. Bayrisches Ministerium für Arbeit und Sozialordnung. München

Simon, F. B. , Clement U. & Stierlin, H. (2004): Die Sprache der Familientherapie. Ein Vokabular. Kritischer Überblick und Integration systemtherapeutischer Begriffe, Konzepte und Methoden, 6. Auflage

Solomon J. & George C. (1996): Defining the caregiving system: Toward a theory of caregiving. In: Infant Mental Health Journal Volume 17, Issue 3Autumn (Fall) P. 183–197

Solomon J. & George C (1999): Explaining Disorganized Attachment. Clues From Research On Mild-to-Moderately Undernourished Children in Chile. Guilford Press, New York

Steele B.F. (1970): Parental abuse of infants and small children. In E.J. Anthony & T. Benedek (Eds.), Parenthood. Its psychology and psychopathology (pp.449-477). Little, Brown and Company. Boston

Steele B.F. & Pollock C. B. (1978): Eine psychiatrische Untersuchung von Eltern, die Säuglinge und Kinder misshandelt haben. In R.E. Helfer & C.H. Kempe (Hrsg.), Das geschlagene Kind. (S.161-243). Suhrkamp. Frankfurt 1978

Stern D. (1992): Die Lebenserfahrung des Säuglings. Stuttgart, Klett-Cora

Stern D. (2002): Mutter und Kind. Die erste Beziehung. Klett-Cotta, 4. Auflage. Stuttgart

Stokowy, M.& Sahhar, N. (2012): Bindung und Gefahr – Das Dynamische Reifungsmodell der Bindung und Anpassung. Psychosozial-Verlag, Gießen 2012, S. 289

Tronick, E., Als H., Adamson L., Wise S. & Brazelton T.B. (1978): The Infant's Response to Entrapment between Contradictory Messages in Face-to-Face Interaction. The American Academy of Child Psychiatry. Elsevier Inc.

Werner, E. & Smith, R. (1982): Vulnerable but Invincible. A longitudinal study of resilient children and youth, Mc Graw Hill, New York, S.156-176

Wiegand-Grefe S., Mattejat F. & Lenz A. (2010): Kinder mit psychisch kranken Eltern. Vandenhoeck & Ruprecht, Göttingen

Zeanah C.H. & Klitzke M. (1991): Role reversal and self-effacing solution: Observations from infant-parent psychotherapy. Psychiatrx, 54, 346-357, 1991

Zeanah C.H., Mammen, O.K. & Lieberman, A.F. (1993): Disorders of attachment. In C. H. ZEANAH (Ed.), Handbook of infant mental health (pp.143-173). Guilford, New York

Internet

Ahnert, L. (2014): Resilienz durch Beziehungserfahrung: Auswirkungen auf die Stressbewältigung in der frühen Kindheit. Referat. URL http://paed-services.uzh.ch/html-sites/pp1/stoeckli/Tagung.html Stand 19.01.2014

Conen M. (1999): Sexueller Missbrauch aus familiendynamischer Sicht - Arbeitsansätze in der SPFH (PDF). In: Handbuch Sozialpädagogische Familienhilfe (PDF). Stuttgart URL http://www.dji.de/fileadmin/user_upload/bibs/Conen_Sexueller_Missbrauch_aus_familiendynamischer_Sicht.pdf Stand 20.03.2017 Springer Gabler Verlag (Herausgeber) (2017):

Gabler Wirtschaftslexikon, Stichwort: Coping, online im Internet: URL http://wirtschaftslexikon.gabler.de/Archiv/77767/coping-v7.html Stand 7.03.2017

Youtube (2009): Still Face Experiment: Dr. Edward Tronick. Hochgeladen von UMass Boston am 30.11.2009. URL https://www.youtube.com/watch?v=apzXGEbZht0

Literaturverzeichnis

Abbildungen

Abbildung 1: Auflösung der Generationsgrenze. Parentifizierung der Tochter aus Partner-Ersatz des Vaters. Aus: Conen, M-L.: Sexueller Missbrauch aus familiendynamischer Sicht - Arbeitsansätze in der SPFH (PDF). In: Handbuch Sozialpädagogische Familienhilfe (PDF). Stuttgart 1999, S. 382 ff.

Abbildung 2: Verlauf der kognitiven und sozial-emotionalen Entwicklung psychosozial belasteter Kinder vom Säuglings- zum Grundschulalter. In: Laucht, M..; G., M.; Esser G. & Schmidt, M. H.: Längsschnittforschung zur Entwicklungsepidemiologie psychischer Störungen: Zielsetzung, Konzeption und zentrale Befunde der Mannheimer Risikokinderstudie. In: Zeitschrift für Klinische Psychologie und Psychotherapie. Hogrefe-Verlag, Göttingen 2000 Vol. 29, No. 4, 246-262, S.1ff

Abbildung 3: Wirkung von Resilienz. In: Hilker L.: Besonderheiten des Bindungsverhaltens bei Kindern mit Autismus: Interaktionsprobleme als Signalstörung zwischen Menschen – Erklärungsversuche am „DMM" nach Crittenden. Bachelorthesis. Goethe Universität Frankfurt, Frankfurt am Main 2014

Abbildung 4: RECK Corinna: Mutter-Kind-Studie, Universitätsklinik Heidelberg 2004

Abbildung 5-8: Youtube: Still Face Experiment: Dr. Edward Tronick. Hochgeladen von UMass Boston am 30.11.2009. URL https://www.youtube.com/watch?v=apzXGEbZht0

Abbildung 9-10: Crittenden, P. (2001): Organization, Alternative Organizations, and Disorganization: Competing Perspectives on the Development of Attachment Among Endangered Children. Contemporary Psychology, Vol 46(6), Dec 2001, 593-596